透视新时期高等教育质量与评估问题

李明蔚 著

全国百佳图书出版单位 吉林出版集团股份有限公司

图书在版编目（CIP）数据

透视新时期高等教育质量与评估问题／李明蔚著

. -- 长春：吉林出版集团股份有限公司，2022.8（2023.9 重印）

ISBN 978-7-5731-1945-2

Ⅰ.①透…　Ⅱ.①李…　Ⅲ.①高等教育-教育质量-质量评价-研究-中国　Ⅳ.①G649.21

中国版本图书馆 CIP 数据核字（2022）第 143882 号

TOUSHI XIN SHIQI GAODENG JIAOYU ZHILIANG YU PINGGU WENTI

透视新时期高等教育质量与评估问题

著：李明蔚

责任编辑：朱　玲

封面设计：雅硕图文

开　　本：720mm×1000mm　1/16

字　　数：170 千字

印　　张：9.25

版　　次：2022 年 8 月第 1 版

印　　次：2023 年 9 月第 2 次印刷

出　　版：吉林出版集团股份有限公司

发　　行：吉林出版集团外语教育有限公司

地　　址：长春市福祉大路 5788 号龙腾国际大厦 B 座 7 层

电　　话：总编办：0431-81629929

印　　刷：涿州汇美亿浓印刷有限公司

ISBN 978-7-5731-1945-2　　　定　　价：52.00 元

前　言

　　从高等教育诞生之日起，高等教育质量问题都始终与高等教育"如影如形"。如果对大学发展的不同历史时期进行分析，就会发现，质量问题一般都是由高校自行在内部进行处理的。到了20世纪，随着高等教育在全球范围内扩张、大学发展的日益理性化，原本被认定为是高等教育内部的质量问题，开始突破高校的"高墙"，成为一个为人们所普遍关注的社会和政治议题，且这个议题涉及众多利益相关者。为了给各社会利益主体一个答案，世界各国纷纷行动起来，从本国高等教育的实情出发，建立并完善高等教育质量保障体系。尽管人们对提高高等教育质量信心满满，但是高等教育质量保障体系在实践中并未让人们收获理想的结果。因此，必须要对高等教育质量重新进行审视，必须要通过一切可行的方法找到提高高等教育质量的新的可能性。

　　目前，中国高等教育正处在实现中华民族伟大复兴的重要时期，提高高等教育质量，应该称成为教育发展的重点，成为实现建立高等教育强国这一目标的关键手段。但是，也要承认，中国高等教育在经历了扩张之后，在许多方面都存在问题，比如管理失灵、质量滑坡、信任危机等，这些摆在人们面前的问题如果不及时解决，势必在将来会影响中国高等教育的发展，阻碍中国高等教育高质量发展目标的实现。高等教育主体应该对当前存在的各种问题进行透视，把握高等教育质量发展的时代脉搏，挖掘高等教育质量的深刻内涵，从而积极探索中国高等教育发展的有效路径。

　　高等教育评估与高等教育质量密切相关，高等教育评估的主要内容是高等教育质量，因此，通过评估，可以了解高等教育发展的不足，可以为高等教育后续发展计划的制定提供依据。因此，在关注高等教育质量之外，还应该对高等教育评估问题予以重视。一直以来，教育评估都是教育科学的重要领域，许多发达国家甚至都将它看作是推动高等教育发展的重要手段。中国高等教育也应该重视高等教育评估，要厘清高等教育评估的定位，要加强与高等教育评估相关的理论、实践研究，要给高等教育评估提供技术上的支持，等等。

鉴于提高高等教育质量的重要性以及高等教育评估对高等教育质量的作用，作者在总结前人优秀研究成果以及自身丰富教学经验的基础上，对新时期高等教育质量与评估问题进行深度透视。本书共分为六章，主要从两个方面展开，第一个方面为高等教育质量问题，介绍了高等教育质量的概念、特征，分析了高等教育质量意识产生的原因，总结了多样的高等教育质量观，分析了中国高等教育质量存在的问题；从高等教育质量知识管理、高等教育服务质量管理两个方面具体探讨了新时期高等教育质量管理问题；从宏观、中观与微观方面论述了新时期高等教育质量提高策略问题。第二个方面为高等教育评估问题，介绍了高等教育评估的概念、功能、类型、理念与方法，分析了中国高等教育评估存在的问题；重点解析了新时期高等教育评估价值问题与新时期高等教育评估体系建构问题。

本书结构清晰，叙述得当，既有基础理论的介绍，又有深度内容的挖掘，难易得当，可以为高等教育发展提供一定的理论支持。不过，由于时间仓促以及作者水平有限，书中不少观点可能存在一定的不当之处，恳请各位读者批评指正。

目　录

第一章　高等教育质量概述

提高发展质量是世界范围内高等教育的时代主题。当前，全球新一轮科技革命、产业变革正在加速演进，科学探索正在从微观到宏观各个尺度上向纵深拓展，以智能、绿色、泛在为特征的群体性技术革命将引发国际产业分工重大调整，创新驱动成为许多国家谋求竞争优势的核心战略。高等教育发展水平是一个国家发展水平和发展潜力的重要标志，我们对高等教育的需要比以往任何时候都更加迫切，对科学知识和卓越人才的渴求比以往任何时候都更加强烈。在此背景下，本章对高等教育质量基本问题进行了分析与探讨。

第一节　高等教育质量的概念与特征

一、高等教育质量的概念

高等教育质量是大众化教育背景下的热点议题。随着精英高等教育向大众高等教育的过渡，高等教育正在从数量时代向质量时代转换①，而培养符合社会发展需要的人才则成为高等教育质量的核心和根本标准②。"质量"作为一个专门术语，最初源于工商业领域。在 20 世纪 80 年代以前，与高等教育相关的文献还很少涉及"质量"问题。20 世纪 80 年代以后，学术界之所以提出"高等教育质量"这一概念，并广为流传，一方面是受政府政策的强制推行影

---

① ［英］路易丝·莫利. 高等教育的质量与权力［M］. 罗慧芳，译. 北京：北京师范大学出版社，2008：前言.
② 焦红光，孙玉霞. 再议高等教育质量内涵［J］. 教育理论与实践，2004（22）：20-22.

响，另一方面也源于企业管理中质量话语的诱导①。虽然质量问题已成为高等教育政治日程上一个优先考虑的问题，但学者们对它的解释却很不相同②。

高等教育质量的内涵和外延具有极广泛的内容，就其内涵而言，高等教育质量是一种实践活动的质量，它应体现高等教育实践活动的本质，而且应反映高等教育实践活动的规律性。就其外延来看，高等教育质量应体现培养高级专门人才的质量、构建高等教育体系的质量、创办高等教育机构的质量、宏观管理高等教育系统的质量③。高等教育质量至少具有与设定的规格、标准的一致性等六种定义，这些定义虽有相通之处，但每一定义所强调的重点则不相同，每种定义也都有其优缺点。实质上，无论如何界定高等教育质量，都必须回答这些问题：什么是质量？谁来确定质量？如何评估质量？因高校的主要职能是教学、科研、服务，因此其质量也包括这三个主要方面④。

一般来讲，高等教育质量涉及的主体主要有国家政府、经济组织、高等教育系统或学术组织、受教育者（学生）。在国家政府看来，高等教育质量就是与预设的质量标准（对不同类型的院校可能设定不同的标准）一致性的程度，强调是否达标以及达标的程度。从经济组织视角来看，评价高等教育质量，就是指高等教育的属性是否满足高等教育主体的需要及其满足的程度。而就高等教育组织而言，高等教育质量是指高等教育实践活动在实现自身基本功能的过程中对高等教育基本规律的体现程度。在受教育者看来，高等教育质量的本质就是高等教育满足个人和社会发展需要的程度，最根本的是满足个人发展需要的程度⑤。而根据评价的主体不同，还可以把高等教育质量划分为外适质量、内适质量和个适质量。外适教育质量是指高等学校所培养的人才为社会、经济、文化的发展所做准备的充分程度。而内适教育质量，它是高等学校为保证教育产品的质量（外适质量）所开展的教育、教学工作的优劣程度。个适教育质量主要是指高等学校所开展的教育教学活动满足受教

① 蔡宗模，陈锟春. 高等教育质量：概念内涵与质量标准 [J]. 清华大学教育研究，2012（3）：14-20.

② [荷兰] 弗兰斯·范富格特. 国际高等教育政策比较研究 [M]. 王承绪，等，译. 杭州：浙江教育出版社，2001：200.

③ 侯怀银，闫震普. 高等教育质量概念探究 [J]. 江苏高教，2007（5）：9-12.

④ 赵蒙成，周川. 高等教育质量：概念与现实 [J]. 江苏高教，2000（2）：32-35.

⑤ 蔡宗模，陈锟春. 高等教育质量：概念内涵与质量标准 [J]. 清华大学教育研究，2012（3）：14-20.

育者的智能、身心和个性发展需要的优劣程度①。

在对各概念进行分析和反思后，林永柏②认为，高等教育质量是一个多维的概念，要给高等教育质量下一个科学的定义，则既要体现出质量的基本含义，又要体现出高等教育的属性和功能。高等教育质量是质量的基本含义在高等教育领域的具体体现，是高等教育对质量基本含义的具体反映。据此，笔者认为，高等教育质量是指高等教育在坚持社会效益和经济效益相统一的原则基础上，其各种活动及其产品的内适性与外适性的统一程度。而余小波③则认为，高等教育质量的含义可以概括为：高等教育产品和服务所具有的高效性、人文性和调适性在满足社会和学生发展以及高等教育系统自身有序运转方面要求的程度。应该说，该界定既体现了高等教育质量的宏观性，也反映了高等教育质量的微观性；既反映了高等教育的社会属性，更反映了高等教育的个适质量特征；既具有在管理领域质量本身的内涵，也具有高等教育质量的领域特征。

二、高等教育质量的特征

（一）客观性与主观性

1. 客观性特征

高等教育质量的客观性特征是指：第一，高等教育质量作为高等教育的一种本质属性，具有特定的固有形式和内容。它固有的内在形式与内容是客观实在，不会因为人们对它有不同的认识，或者认识程度的差异而转移，它完全独立于人的主观意志和情感，独立于人的立场、观点与方法，决定高等教育质量"是什么"和"怎么样"。

第二，高等教育质量作为高等教育的一种本质属性，事实证明它是可以被测量的。根据"客观的事物都是可以被测量的"这一命题可知：凡是可以被测量的事物都表明了它们的客观性，由此佐证了高等教育质量的客观性特征。

第三，既然高等教育质量是可以被测量的，那么就可以根据"可以被测

---

① 姚学峰. 教育质量的内涵及其对办学效益的影响 [J]. 学海，2001 (6)：155-158.
② 林永柏. 关于高等教育质量概念的界定 [J]. 教育科学，2007 (6)：32-36.
③ 余小波. 高等教育质量概念：内涵与外延 [J]. 高教发展与评估，2005 (11)：48.

量"所表征的客观性，客观地建立高等教育质量的评价标准，即评价高等教育"满足需要"的程度。依据这样的标准，人们可以对高等教育质量进行测量和评价，做出诸如或是下降了，或是提高了，或是没有明显变化这样的判断。无论判断是否属实或者与事实的符合程度如何，只要高等教育"不同程度"地满足了需要，质量就是客观存在的。

对高等教育质量客观性特征的认识，可以使人们从外在的特征考察、分析和论证入手，进一步辨析和界定高等教育质量"是什么"和"怎么样"，为研究高等教育质量奠定认识基础和前提。对高等教育质量客观性特征的全面认识和充分肯定，可以使人们在实践中对高等教育质量进行测量，并且使运用评价标准去评价所有高等教育行为和质量状态的操作成为可能。

2. 主观性特征

高等教育质量的主观性是指：第一，高等教育质量是可以被认识、被评价的，人们对它的认识和评价的结果，实质上是主体对高等教育质量这一客体的主观反映，会因主体的不同而不同。根据所有主观的事物都是可以被评价的这一命题，凡是可以被评价的事物都表明了它的主观性，由此佐证了高等教育质量的主观性特征。

第二，对高等教育质量的认识和评价本质上是一种具有十分显著的主体性色彩的活动，必然随主体的不同或者变化而有所不同。从对高等教育质量的认识、测量和评价的全部实证来看，其主体是多样的，可以是不同身份或者不同地位的个人、群体、机构，可以有不同的社会阅历、文化背景、利益诉求，也就必然要从各自特有的立场、观点和方法，甚至情感出发，依据符合自身价值取向和自以为合理的方式、标准来认识和评价高等教育的质量。

第三，在具有主体主观能动性色彩的影响下，高等教育质量也就必然会带有主观性，使对高等教育质量的认识、评价成为"人为"的复杂的过程，"人为"的过程主要由主观驱动，经常有不十分一致的结果和结论。

对高等教育质量主观性特征的认识，可以使人们在遵循高等教育质量本质属性的规定和规律性的基础上，科学地发挥主体的主观能动性，去解决事关高等教育质量"好不好""怎么办"这样的问题，使进一步变革和提高高等教育质量成为可能。

高等教育质量的客观性和主观性具有辩证统一的关系。客观性的实质是：高等教育质量是不以人的意志为转移的客观实在，能够被测量，是主观性的基础和前提。主观性的实质是对客观性的揭示与表达，不同主体对高等教育质量本质的意识、判断和评价的出发点、过程会有所不同，使意识、判断和评价的结果带有主观能动的色彩，甚至还会有不一致性。

（二）综合性与层次性

1. 综合性特征

高等教育质量的综合性是指高等教育质量具有内在多维的形式，这一形式决定于同样是内在、多元的基本内容。高等教育质量综合性必须在形式上涵盖高等教育的全部职能。因此，高等教育质量形式的集成具有三维结构，即由人才培养质量、科学研究质量、社会服务质量三种基本形式集成的结构。每一维又有更具体的数量不等的"子维"质量构成，例如，人才培养质量在形式上又由具体的德、智、体、美等"子维"构成；科学研究质量在形式上又由具体的知识创新、科技创新、高新技术研发等"子维"质量构成；社会服务质量在形式上又由加快高新技术推广、推动社会文明进步、促进先进文化扩散、提高公民素质等"子维"质量构成。

探讨和揭示高等教育质量的综合性，实质是要在认识上把握高等教育质量内在多维形式的根本，更有效地建立使高等教育各种活动协调有序，各种产品成功有效的基础、前提和保障机制。如果否认高等教育质量的综合性及其内涵，那么高等教育的活动就有可能被割裂和失调，高等教育质量就有可能失去形式的规范。

2. 层次性特征

高等教育质量的层次性是指不同层次的高等教育有不同层次的质量内容，这些层次既有并列关系，又有递进关系，各层次的高等教育质量的基本内容和具体内容都由一定的要素集合组成，这些要素是独立的、可区别的，具有独立的功能，因而，按照一定的基准是可分解、可测量、可评价的。

高等教育质量层次性中并列关系的表征有：在高等教育质量中有人才培养、科学研究、社会服务三大质量标准的并列，对应和服从国家、社会相应的质量需求。质量需求的不同层次决定质量标准的不同层次，是需要与适应、结构与功能保持一致性的必然要求。国家、社会有不同的需求，高等教育就有不同的任务，国家就会对高等教育制定不同层次的质量标准。

高等教育层次性中递进关系的表征有：从现代社会对高等教育的人才需求来看，这种需求从"胜任原创性研究、研究开发、专业设计到技术应用与推广"等的"任务链"而形成一条"人才需求链"，高等教育质量在内容上也就相应地形成了博士研究生、硕士研究生、本科生、专科生这样的具有既定质量标准的层次。

再从高等教育的教学质量的基本内容和具体内容来看，在技术上完全可以将这些内容分解为更加具体的下位层次的内容，例如，理论教学质量、实践教学质量、教学管理质量等。进而可以设置相应的观测点进行直接测量或者间接测量，最后可以用不同级别的指标为其赋值，从而在量的层面上实现评价和监控高等教育的质量的具体操作。

高等教育质量的综合性和层次性特征的实质是反映了高等教育质量是由一定的形式与内容组成的结构，反映了高等教育质量在需求与适应上、在结构与功能上保持一致的必然性。高等教育质量的综合性主要反映高等教育质量形式上的结构，高等教育质量的层次性主要反映高等教育质量内容上的结构，高等教育质量结构的形式是高等教育质量结构的内容的载体，同时决定于高等教育质量结构的内容，两者是辩证统一的。

(三) 特色性和可比性

1. 特色性特征

高等教育质量的特色性是指在一定的社会历史条件下，高等教育在人才培养质量、科学研究质量、社会服务质量方面所具有的独特的品质特性的客观反映，表现为高等教育及其质量的校际特色、地域特色、国家特色、国际特色四个层面。例如，校际层面的不同层次、不同类型和不同定位特色的有：研究型大学的特色，教学型大学的特色，综合性大学的特色，单科性大学的特色；国际层面的不同国家的特色有：中国特色，美国特色，日本特色，等等。不同特色的高等教育必定有传统、风格、定位等的不同，反映为一定的教育理念、教育目标、教育模式。在一定时空范围内，一定的高等教育及其质量可能不一定具有显著的优势，但是一定会具有某些很鲜明的特色，高等教育质量的特色具体落实在高等学校办学质量的特色上。从高等教育发展历史和成功经验看，高等教育质量的特色性是高等学校生存、发展和提高的基础，是高等学校竞争力中的一个要素，是高等学校提高教育质量的重要条件。从高等学校发展的实际情况看，办学特色往往是办学优势的先期成果，以办学特色去求具有更高意义的办学优势往往是相当成功的战略选择。

2. 可比性特征

高等教育质量的可比性是指在一定的社会历史条件下，高等教育质量是可以作为一定的个体进行相互比较的，比较的结果可以有具体的优劣或者高低之分，它是高等教育质量个性的反映和验证。

高等教育质量可比性特征表明，在理论和实践上可以建立规范的比较标准、比较技术、比较方式，对高等教育质量进行测量、比较，比较结果可以用于对高等教育质量进行区别、评价，建立关于高等教育质量优劣或者高低的排位，以利于对某一个时空条件下的高等教育质量的水准识别、成因分析和质量监控，以利于明确高等教育发展的状况、竞争的态势和竞争的要点，从而更有效地促进高等教育质量的提高。

高等教育质量的特色性和可比性是高等教育质量个性的具体反映。认识和把握特色性，可以使人们在发展策略上从特色入手，以特色求质量发展的效益、求质量优势的形成，带动质量整体的提高。同时，以特色的观点、思想为指导，使高等教育不拘一格地得到发展，引导高等学校根据具体的时间、地点和条件，正确选择特色发展的模式，办出自身的风格、风采和风貌，提高办学水平和教育质量。有比较才有鉴别，认识和运用可比性，可以使人们在高等教育发展过程中正确把握质量提高的成效，通过运用测量、比较和评价方式，对发展成效准确判断和定位，以利于肯定成功的意义、识别存在不足的成因，获得对高等教育质量发展和提高的全面认识，为持续发展和提高高等教育质量选择方向和道路。

第二节　高等教育质量意识产生的原因分析

一、高等教育出现了大众化发展倾向

高等教育领域内为什么会产生质量概念及意识呢？一般认为，高等教育质量问题与高等教育大众化是相生相随的。所谓高等教育质量问题指的是，高等教育数量的增长必然会带来质量的下降，或是高等教育规模的扩张对高等教育质量的影响。大众化理论为这种观点提供了理论上的支持。大众化理论主要关注的是高等教育发展过程中量变与质变、规模扩张与系统性质变化的关系，以及相关的理念、功能、管理和课程等有关的问题。并且人们相信，

高等教育规模的扩张必然引发高等教育质量的问题。

事实上，扩招是一把双刃剑，具有两面性，其功过是非需要经历科学的数据调查及论证过程。对于赞成扩张的人来说，扩张促进了教育平等，扩大了高等教育入学机会，从而在一定程度上践行了教育民主化思想。事实上，人们发现，高等教育扩张在一定程度上导致了高校资源捉襟见肘。

毫无疑问，对于一个没有充分准备的系统来说，规模的突然扩张会在一定程度上引发质量的下降。从这个层面上来说，高等教育大众化是质量成为高等教育领域中的一个焦点和热点问题的推进力。然而，将人们的高等教育质量意识与大众化联系起来只是看到了问题的表面联系。事实上人们对高等教育质量的关注是一个长期的过程，高等教育质量并不仅仅是由于最近几年来的高等教育大众化所推动的。如果仅从这一个方面来探讨高等教育质量的发展变化是有失偏颇的。其实，仔细探究各国对高等教育质量关注的历史过程，我们发现，各国在高等教育领域内对质量的关注有着非常不同的背景。

综上所述，扩招和高等教育大众化是引起人们关注高等教育质量的表面原因之一。高等教育质量意识兴起的更重要的原因在于人们对高等教育的信念和高等教育外界环境的变化之间的互动。换句话说，人们对高等教育质量的关注是从高等教育活动开始的那一刻起的。不同层面不同群体甚至不同个体的教育信念不尽完全相同。学者相信，教育能够对个体产生影响，引起个体的学习过程，并因此而塑造个体的认识和改变个人的行为，进而通过个体的变化和发展去丰富和改造这个社会、这个世界。国家相信，教育能够通过提高国民素质，进而增强国家的实力。家庭和社会则相信，教育能够对个体的能力和素质产生影响，从而使其获得好的经济和社会地位，从而为自己的良好生活奠定基础。在这些信念下，越来越多的人进入大学，在经历 3～4 年或更多年限的学习之后走出大学，步入社会，走上工作岗位。然而，一方面，随着高等教育成本在国家和个体层面都逐渐上升，人们希望能够进行合理消费，希望自己所进入的高校能够"物有所值"。另一方面，随着越来越多的受过大学教育的人在寻找工作岗位时屡遭受挫，"教育过度"的观念被人们认识到，人们被劝告对进入高等学校学习要理性选择，因为正规的学校教育并不总是成功的阶梯。

上述迹象从两个方面解释了质量意识兴起的缘由：第一，在种种现实面前，人们开始逐步认识到，过去对高等教育的信念在某种程度上被夸大了。高等教育的价值、高等教育对于文化传承和创新、对于改造社会和个体的作用及其效果成为人们关心的焦点。对这些问题的追问和反思促使那些与高等教育利益攸关的人们要求对高等教育的质量、成就或"产出"进行评估或测量的呼声日益高涨。第二，高等教育大众化破除了人们的传统质量观。传统的高等教育入学标准是很高的，高等教育的质量是由人口的质量所保证的，具有较高的选择性和较强的排他性。因为只有最好的个体才能成为高校的主人。然而，扩招后高等教育入学门槛有所降低，进入大学不再是一件很不容易的事情。高等教育排他性的神话被破除了。在这种种机缘和背景下，高等教育质量问题成为一个真实的、显现的问题。

二、全面质量管理理念的影响

一般认为，高等教育质量概念具有较强的工商业气息。尽管不同文化背景下的人们对高等教育质量的概念具有不同的理解，但都承认这一概念是源于工商业的，人们对高等教育质量的争论和研究以及对高等教育采取的种种质量改进的策略和办法都与工商业领域中的质量管理理论的进展有着错综复杂的交融关系。质量真正成为工商业领域中的关键概念和要素，是在20世纪60年代。此时，一些发达国家的工业领域兴起了制定质量保证体系标准的热潮。在这一热潮的初期，人们主要是以"事后检验"的形式展开质量保证活动。全面质量管理理念的产生，是工业领域质量管理史上的大事。这个事件同样也对高等教育质量研究和保证产生了不容忽视的影响。在一定程度上可以认为，这个事件是促发人们在高等教育领域内兴起质量意识的导火索。

全面质量管理理念为质量管理带来了一股新兴的力量。与传统的质量管理相比，全面质量管理主要具有以下不同点：首先，全面质量管理一改传统以"事后检验"为主的方式，而将质量管理工作的重点放在预防和改进上，做到防患于未然。其次，全面质量管理将以往的重视结果的方式改为关注产品生产的全过程及其影响因素，运用科学的管理程序和方法，使生产过程受到全面的控制。再次，全面质量管理将组织看作一个系统，强调内外部的有机结合和协调。最后，全面质量管理对产品质量的判断讲求数据的支持，以事实为基础。更重要的是，全面质量管理强调从用户的角度思考质量的问题。因而，质量高低的标准在于产品是否满足顾客的需要。

全面质量管理最初只是在制造业领域实施，由于它在制造业领域内所产生的实践效果，第三产业部门（诸如银行、商场和酒店等），也纷纷效仿和采用全面质量管理。在这一热潮的推动下，教育领域以及高等教育领域内的学者开始介绍和引进全面质量管理的理念，以期解决学校的结构和管理方式的问题、实现教育的大发展。高等教育研究领域里掀起了一股以全面质量管理理念研究高教质量的热潮，出版了大量的有关高等教育全面质量管理的著作。虽然高等教育不同于产品生产、材料加工或一般的服务，高等学校也有别于企业、公司、信息服务机构，学术界对工业界的质量保证方法应用到高等教育领域的做法还有许多顾虑和争论。但是，随着这股研究热潮的推动，一些国家的高校纷纷开始考虑将全面质量管理的理念引入学校管理实践中去。

总之，质量概念及意识在高等教育领域中的发展经历了从高等教育内部到外部、从无意识到有意识、从隐性到显性的变迁过程。起初，高等教育内部以自己的学位制度保证和掌握着质量的目标和标准，但随着社会的急剧转型，高等教育性质和地位发生了变化，高等教育发生了从精英向大众的转变，国家和社会的力量建构的质量意识逐渐渗透到高等教育领域，从而使得高等教育质量话语权发生了转变，质量话语及其主体呈现出多元化的倾向，形成了高校、政府和市场三极话语体系。这三极质量话语体系对高等教育质量关注的方式是不一样的。高校除了依然坚持自己的质量观念外，受到政府和市场观念的影响，也逐步有意识地迎合外界的要求和标准。政府对质量的关注则主要从国家建设的需要角度着手，建立质量评估制度和质量保证体系。这不仅是出于以制度建设促进质量提高的考虑，实际上还涉及对政府与高等教育的权利与义，务的关系问题的考虑。市场的质量理念则是以一种更为隐蔽的方式进入到高等教育领域中的。这种方式便是市场以自己职业所需的人才类型和标准来影响高校的质量观。

第三节　多样的高等教育质量观

一、认识高等教育质量观

所谓高等教育质量观，是人们在特定社会历史条件下的高等教育价值选择，是对于高等教育质量高低、优劣的系统看法。① 笼统地说，高等教育质量观就是人们对高等教育质量的认识和看法。高等教育质量观是动态发展的，具有阶段性、主观性，不同时期、不同学者对高等教育质量有不同的认识和看法。

二、传统高等教育质量观

高等教育质量观与高等教育是同根同源的，在研究高等教育的同时，高等教育质量观就被提出来了。高等教育的质量观通常是以对高等教育的目的和价值的研究呈现出来的，也就是我们所说的大学的目的何在？大学应该秉持何种价值？对这些问题的一系列不同答案及其解决形成了高等教育质量观的三大传统，即社会本位论、个人本位论和知识本位论②。

（一）社会本位论质量观

社会需要是确定高等教育目的的准则，个人的发展必须服从和服务于社会的需要。只有满足社会需要的高等教育才是有质量的高等教育。满足社会需要的程度决定着高等教育质量的高低。高等教育的目的是把受教育者培养成为符合社会准则的公民，社会的价值高于个人的价值，个人的价值是为社会服务的。"只要是能适应社会需要的人才，就是高质量人才。"③

（二）个人本位论质量观

个人本位论质量观主张教育目的以个人价值为中心，个人价值高于社会价值。高等教育目的的制定应该是以个人的发展需要为准则，个人得到充分的发展才能够促进社会的发展。高等教育的评价也应该以个人是否得到充分发展为标准。只有使个人得到充分发展的高教教育才是有质量的高等教育，才是有价值的。

（三）知识本位论质量观

知识本位论质量观主张在选择方式上注重学科自身的逻辑和结构，在一

---

① 吴剑平. 论科学发展观指导下的高等教育质量观 [J]. 清华大学教育研究，2011（4）：28.

② 刘振天. 论"过程主导"的高等教育质量观 [J]. 北京大学教育评论，2013，11（3）：171-180.

③ 杨德广. 高等教育的大众化、多样化和质量保证 [J]. 上海教育，2001（19）：16-20.

定程度上把知识的传授等同于教育本身。在这种观点下教育的价值在于传承人类知识的精华从而促使知识本身的进步。简而言之，对知识的掌握程度就是高等教育质量水平的高低。

三、高等教育质量观变革方向

随着高等教育大众化的不断深入和高等教育规模的不断扩张，高等教育在社会政治经济生活中所处的地位和作用也日益突显。高等教育的质量不仅关系到受教育者自身素质的提高，也关系着国家、社会和民族的前途与命运。但是，高等教育大众化却导致了一系列社会问题的出题，高校教育质量的下降是大众对高等教育普遍桎梏的问题，著名的"钱学森之问"就是这一系列矛盾突出的表现。

（一）要将"学生为中心"作为服务理念

高等教育质量观的传统在实际的运用中往往会带来片面量的比拼，传统的精英教育观也在比学业成绩、比分数。而对于处于高等教育核心地位的学生的需求却没有得到很好的重视。高校管理者大多都是依据高校自身的师资力量的情况才制定教学和培养计划，同时有意无意地把学生培养成为他们既定计划中的模样，忽略学生的个体差异性。但是学生个体需求的实现和个人的充分发展才应是高校追求教育质量的基础。高等教育正是在对每一个人施加影响，满足每一个个人的求知欲望，帮助实现每一个个人的目标的过程中和基础上，体现着其他的价值与功能。由于教育是发展人的一种特殊手段，离开了人自身的发展，教育就无从反映和促进社会的发展，教育本身也就不会存在。因此，在高等教育价值体系中，最为基础的是高等教育的个人价值，也即高等教育促进个人发展的价值。

（二）要建立多元化质量观、多样化质量观和动态系统化的质量观

对高等教育质量的不同定性造就了对质量评价的不同观念，这些观念相互对立却又互为统一的发展着。在不同时期不同的背景下，它们所处的地位、所产生的作用也会发生变化。不同的高校的定位、定性和质量是不同的，在这种情况下，单一的评价标准对于高等教育质量的研究是不科学的，依据不同的标准我们往往只能看到高等教育质量发展的一个或是几个方面，却没法

评价高等教育质量的全貌。提倡高等教育多元化质量观、多样化质量观和动态系统化的质量观都是具有可行性和现实意义的。多元化、多样化的高等教育质量观的发展推动着高等教育研究事业的不断向前。

（三）要强调硬实力，也要注重软实力的发展

因为质的不确定性，人们更多地在强调质量的时候强调的是量的评价，于是重视那些可量化和可测量的硬实力的指标。我们经常看到的大学排名情况又或是质量评估情况，也大多出现重视硬件和结果的情况，强调办学规模、师资力量、学生学业成绩、经费情况、办学设施、研究成果、获奖级别、发表刊物、学生就业情况等硬实力。但是健康和谐的校园文化、学校声望和学风建设这些软实力才是高等教育质量可持续发展的不断推动力。加强校园文化建设才能不断提高高校的凝聚力、创造力和竞争力，使处于这种校园文化影响下的师生提高自我认同感，形成积极健康的价值观，个人和学校都得到充分全面的发展。

（四）要实现教学、科研和社会服务的平衡发展

科研能够创造知识，教学能够传播知识，而社会服务就是把这些知识用于实际生活中。但在实际情况中大多高校都是只注重于三大功能的一个方面，对其他方面很少甚至没有涉及。但是研究与传播理应是一致的，研究水平的越高往往能带来教学水平的提高，教学水平的提高也能反作用于科研，把这些知识用于实际才能检验成果找出问题并进一步提升科研的能力。现今的高校已经不是故步自封的"金字塔"，教育活动也不只有教育者和受教育者参与，市场经济对高校的冲击让教育活动的参与者更加多元化，不同的参与主体对高等教育具有不同的诉求。高校应该在教学、科研和社会服务中寻找平衡，考虑多元化主体的不同需求，使高等教育质量在动态中需求发展。

四、高等教育质量观的发展

（一）发展的质量观

发展的质量观是基于改革和发展是我国经济和社会长期的主题的背景提出来的。

发展的质量观具体包含三种含义：一是以高等教育发展为核心，为高等教育发展服务的质量观。事实证明，就我国当前高等教育的实际来讲，没有高等教育的发展，根本谈不上高等教育的质量。因此，我们确定高等教育质量观，就应该是以发展为核心和主题的质量观，服务于高等教育发展的质量观，而不是限制高等教育发展。

二是用发展的眼光来看待高等教育质量，通过发展来解决发展中的高等教育质量问题。对于连续扩招后遇到的经费不足、后勤困难和对毕业生失业的担忧等问题，通过拓宽发展思路，改变发展观念，是可以解决的。

三是质量观本身就是变化发展的，不能固守僵化的发展观。质量标准中有个优先性原则，针对不同时期的不同发展主题，在兼顾质与量的同时，高等教育质量观的确立往往要优先考虑质量标准中的某一方面。满足广泛的教育需求，提高人民群众的受教育程度和劳动者素质，促进经济发展，就是当前高等教育质量标准应优先考虑的问题。因此，质量观是随不同时期的不同发展主题而变化发展的，不同时期确定的质量标准应有利于高等教育发展，而不是背离和限制高等教育发展。

发展的质量观，为我们正确把握和评价大众化高等教育进程中的质量问题拓展了新视野、提供了新思路。

（二）多样性质量观

多样化是当今高等教育中值得欢迎的趋势，应当全力支持。高等教育大众化国家的实践充分证明，多样化是高等教育大众化的必由之路。研究者们一般认为，这是三种因素使然：一是社会经济对人才的规格、类型、层次需求的多样化；二是学习需求的多样化；三是为多渠道解决经费问题而形成的办学主体和办学形式的多样化。大众化高等教育的这种多样化特点，必然要求我们确定与之相适应、相匹配的多样化高等教育质量观。

当前，我国高等教育改革和发展的主导方向应打破"大一统"，发展"多样性"。多样性的教育质量标准中同样包含着精英的教育质量标准。

（三）适应性质量观

适应性的高等教育质量观，是指高等教育所提供的教育服务满足受教育者个人的程度，以及所培养的人才满足国家、社会用人单位需要的程度。

只要是能适应社会需要的人才，就是高质量人才。高等学校培养的人才即使学富五车，相当合格，但不合用，不适应人才市场的需要，则这样的学校就谈不上高质量。高校也是有目标市场的，不管是教育服务，还是学生产品，如果能够准确适应目标市场的需要，满足目标市场的要求，这样的高校都是高质量的。毕业生的综合素质体现着一所院校教育质量的高低，毕业生在劳动力市场上的抢手程度基本上反映着社会对某所院校毕业生素质的综合评定水平。正是由于此，高校可以由学科质量观向适应性质量观转变；要面向社会，面向市场，培养出切合社会所用的"合用"人才。

西方国家大众化高等教育的三种质量观为"目的适切性""符合消费者的愿望和需求""价值增值"。这三种质量观都与适应性质量观存在程度不同的内在联系。"目的适切性"就是指衡量教育教学质量的标准应该是当初所设定的相应行为目标。"符合消费者愿望和需求"更是典型的适应性质量观。"价值增值"是指如果学生在进入高等学校之前和接受完高等教育之后的成就和行为可以测量的话，那么这两者的变化越大，价值增值就越多，教育教学质量也就越好。这实际也包含一定适应性因素，即：要想让不同入学起点的学生在毕业时的价值达到各自最大的增值，就必须适应不同学生的既有水平和接受能力，因材施教；教学要求过高或过低，都不可能达到最大限度的增值。可见，这同样是对教育服务消费者的适应。

（四）整体性质量观

所谓人才培养的整体质量观，就是以"全面素质"为特征的"一般的基本质量"，这是各个层次、各类型高等教育人才的共性质量。

从高等教育的所有功能和活动的角度考察教育质量，它是一种更为宏观的整体性质量观。高等教育质量是整个高等教育系统的质量，是一种整体质量，而不是单一的人才培养质量。它对科学发展和文化进步的作用，对社区和职业生活的贡献等，都是进行质量评价所要考虑的。这就需要我们确立一种整体的质量观，从整体上而不是从某一方面确立高等教育质量观，去评价高等教育的质量。对一个国家的高等教育系统来说如此，对一所高等学校来说也是如此。高等教育质量观要由单纯学科性教育质量观向综合性教育质量观转变，因为高等教育质量问题是一个综合性概念，它在很大程度上取决于特定系统的组织结构、法定任务或特定学科的条件及标准。质量问题涉及高等教育的所有职能和活动。

（五）特色化质量观

高等学校的特色是其质量的重要标志，是其生存和发展的重要基石。高等教育的多样化与高等学校的特色有着内在的因果关系。高等教育的需求者主要来自两个方面：一个是用人单位，一个是学生。这两者需求的多样化、个性化，要求各个高等学校办出特色，以主要满足某类或某几类顾客的需求。在需求日益多样化的社会，各个学校办出特色是提高整个高等教育系统整体效益的要求。在竞争日趋激烈的社会，办出特色是学校求生存、求发展的必由之路。因此，特色就是质量，特色就是水平，特色就是生命。

我们所需要的高等教育质量应该是一种特色纷呈的质量。特色与特征包含于共性其中。在高等教育大众化进程中，让不同层次的学校办出自己的个性，让不同类型的学校办出自身的特色，这或许是我们认识和把握教育质量的关键所在。

第四节　中国高等教育质量存在的问题分析

一、中国高等教育跨越式增长带来了质量问题

欧美国家高等教育的大众化和普及化，基本上走的是一条内生的自然演变路径，[①] 它是高等教育直接面对社会需求做出的一种自然应对和变革，因而是一个相对渐进的过程。不过，这条路径虽然速度奇快、优势明显，但副作用也同样不可小觑。凭借行政手段强力推行大扩招，尤其是在许多软、硬基础条件还很薄弱的情况下突飞猛进，不可避免地会加大高等教育体系内的各种张力，陡然加剧各种张力之间的紧张关系并可能因此而激化矛盾。这种副作用对于高等教育的内涵发展是一种不利的因素，也是刚刚迈入普及化阶段的中国高等教育必须直面的问题和挑战。

---

① 谢作栩，吴薇，李钰. 高等教育大众化的国际比较与本土观照［J］. 苏州大学学报（教育科学版），2020（1）：78.

（一）数量增加给质量带来隐患

任何事物在其他条件相同的情况下，数量的剧增或多或少都会对质量造成某种威胁。几十年来，我国高等教育规模的超常规跨越式增长，有没有导致质量的某种下降？对于这个问题，学界目前还缺少严谨的实证研究，还拿不出有说服力的实证数据来佐证，因此，众说纷纭、分歧很大；地位不同、角度不同，答案就大不相同：乐观的论调是"成就显著""质量有保障"，悲观的论调是"质量严重滑坡""底线失守"。要对一个体系的高等教育质量做出一个比较准确的描述和判断，绝非易事，非得依靠客观严谨的大规模调查和实证研究不可。马丁·特罗（M. Trow）认为：数量扩张对质量的影响"是一个复杂和不确定的问题"[1]，因为高等教育质量本身很难界定和把握。为此，特罗提出多样化观点，用意之一就是为了区分不同阶段高等教育质量的不同标准，从而为分析高等教育质量问题构建一个可用的解释框架。在高等教育普及化阶段，精英性、大众性、普及性高等教育并存。因此，我们不能用某一阶段的单一标准而必须用多样化的标准来看待高等教育的质量：既不能以精英高等教育的标准来衡量大众性、普及性高等教育的质量，也不能以大众性、普及性高等教育的标准来衡量精英性高等教育的质量；多样化的真谛是三种形态的高等教育各有各的质量标准，各安其位，各得其所。多样化是高等教育大众化、普及化阶段的价值观和方法论，没有多样化的观点，就无法解释大众化和普及化时代高等教育的各种具体问题，尤其是高等教育的质量问题。

目前，由于缺少严谨的实证数据，我们还无法比较准确地判断"多样"的高等教育整体质量，但是，具体到某"一样"高等教育的质量，近年来的一些相关研究还是能够对质量问题做出一定程度的间接证明。在普及化阶段，精英高等教育是"多样"中的"一样"；只要精英高等教育的质量没有下降，那么我们确实有理由对普及化阶段高等教育的质量保持乐观。然而，关于"清考""清零"现象（在学生毕业前通过"补考"等途径将学生原先的不及格成绩"清零"）的一项研究，却揭示出精英高等教育在质量方面的一个很大隐患。研究者于 2015 年对我国 145 所大学进行调查后发现，这些大学的平

---

[1]　［美］马丁·特罗. 从精英向大众高等教育转变中的问题［J］. 王香丽，译. 外国高等教育资料，1999（1）：26.

均"清考率"为69%，其中"985工程"高校和"211工程"高校在60%以上，而一般的普通本科高校竟高达71%。[①] 这个结果也就意味着，在这145所高校中，考试不合格、学业未达到毕业要求的学生中竟有69%的人最后都由于"清考""清零"而"合格"毕业了，特别是本应属于精英高等教育层次的"985工程"高校和"211工程"高校，"清考率"竟也如此之高，因而它的教学质量从这个角度看显然是不容乐观的。研究者惊呼"我国大学在外部压力下已经没有了'质量底线'"[②]，这在一定程度上说明问题的严重性。如果最高层次精英教育的质量得不到基本的保障，那么学位的成色怎能不令人忧虑。尽管眼下还缺少严谨的高等教育质量实证数据，但是，仅就已有的这些研究结果和批评言论来看，高等教育的质量现状是我们凭经验和常识不难做出判断的。中国高等教育在快速进入普及化阶段之后，我们无论在学术上还是在经验上都有必要对高等教育质量做出基本的判断，因为这个判断是事关高等教育基本价值和意义的根本性问题，也是对高等教育事业乃至对社会发展都可能产生严重后果的问题，否则那种虽健步如飞但却误入歧途的危险就很难避免。

（二）行政手段过多干预

其实，主管部门对全国高等教育的质量问题是有清醒意识的，21世纪以来，有关高等教育的各项重要政策文件无一不是以"质量""内涵"为关键词，就足以证明这一点。2012年，教育部专门发布《关于全面提高高等教育质量的若干意见》，强调要"牢固确立人才培养的中心地位""走以质量提升为核心的内涵式发展道路"[③]，并且从质量标准、培养模式、质量评估、治理结构等环节上部署一系列加强质量管理的举措。几十年来，我们在提高质量方面确实做了很大的努力，也取得了一定的进展，但是，必须直面的现实是，我国高等教育的质量问题依然还很严峻，总体上不容乐观。原因之一，就在于我们依然习惯于以行政的手段来进行质量管理，而意识不到在其他条件相同的情况下，质量的根本保障在于基层高等教育工作者的职业良知。高等教

① 邬大光，滕曼曼，李端淼. 大学本科毕业率与高等教育质量相关性分析——基于中美大学本科毕业率数据的比较分析 [J]. 高等教育研究，2016（12）：64.

② 邬大光，滕曼曼，李端淼. 大学本科毕业率与高等教育质量相关性分析——基于中美大学本科毕业率数据的比较分析 [J]. 高等教育研究，2016（12）：64.

③ 教育部. 教育部关于全面提高高等教育质量的若干意见 [N]. 中国教育报，2012-4-21.

育管理需要运用必要的行政手段，尤其是高等教育的外延发展，行政手段可能是很有效的，但是，在高等教育的质量提高和内涵发展方面，行政手段的效力却很有限，尤其是那些过度的行政手段甚至还可能产生某种副作用。例如，通过行政渠道自上而下实施的旨在提高高等教育质量的各种"工程""计划"，还有各种评估、评奖，在客观上所产生的效果可以说都是利弊相依，其中有些可能利大于弊，但也不能排除有些是弊大于利。

二、中国高等教育质量标准、制定质量标准的主体单一

精英教育阶段的高等教育质量更多的是一种绝对意义上的质量，或者说是一种标准，不管哪种类型的高等学校都必须达到某一最低要求，它们之间的差别是这一标准之上不同水平之间的差别。但大众高等教育阶段质量内涵则不同。高等教育系统内不再有最低的质量标准，而只有不同的质量标准。也就是说，质量标准开始多样化，它们依据不同目的和不同需求而定。但就我国高等教育的现实看，一些高等学校办学指导思想不清晰、定位不准，使得许多教师和管理人员的教育理念和质量观没有与时俱进，导致在对学校和学生评价时，还是依据精英教育的质量标准来加以衡量。

精英教育高等教育质量标准主要有高校自己制定。因为高等学校封闭在象牙塔内，其学术标准和规范明确而清晰。但是到了大众化高等教育阶段，制定质量标准的主体必须要发生变化。因为高等教育不再只是专业人士的事情，它关系到社会的发展和每个人的生活，所以，它也无法再只由专业人士来决定。大众高等教育阶段质量标准的主要制定者必须有学校转变为学生和政府，学生代表个体的各种需要，政府集中体现社会各领域的需求。而我国属集权体制国家，政府在质量标准制定时，更多的是从政府自身的看法和需要出发，不能及时反映社会的各种需求，这势必会影响高等教育的发展。

三、忽视了高校内部的自我评价

在学校内部对影响高等教育质量的所有因素进行控制是高校自身的责任。这种质量控制活动是通过不断地自我评价、自我改进和自我提高过程实现的。因此，一个真正持久的教育教学质量应该是学校内部全体师生员工共同努力的结果，单靠学校外部的质量监控是难以保证其教育质量的。在现行的质量保证体系中，由于对政府组织的外部评价的高度重视而实际忽视了高校内部的自我评价，没有把它看作是整个质量保证活动的主体和基础，只是将其视为质量保证的对象。其结果，一是高校缺乏加强质量管理的内在动力。学校的办学质量和声誉与其说是学校自身的责任，倒不如说是政府的责任。学校内部的方方面面似乎与教育质量并无直接的关系，政府强调的质量管理措施，很难得到不折不扣的执行。二是部分高校片面迎合政府评估需要。评估的目的本是"以评促改、以评促管、以评促建、评建结合、重在建设"，但部分高校抱着"要我评"而非"我要评"的侥幸过关思想，不愿做艰苦细致的质量管理工作，而热衷于搞"政绩工程"和"表面文章"，自评结果往往水分较大，达不到自我诊断和提高的目的。三是内外脱节，降低了质量保证的作用。高等教育外部质量保证是通过内部质量保证起作用的，内外结合，相辅相成，才能收到好的效果。忽视学校内部质量保证主体的作用和地位，只会使质量保证体系不完整、不配套、难以发挥整体功效。

四、质量文化的培育效果不佳

文化既能促进变化又能阻碍变化。文化涵盖了对自己、自己的工作、自己对高等学校的感觉，它既包括价值观和态度又包括行为方式。所以，质量文化应是对质量价值观念的认同和追求，是高校激励师生员工实现质量目标的价值取向。良好的质量文化视质量为学校生存和发展的灵魂，并内化为员工敬业奉献、不断提高教育质量的行为。

质量文化的培育，离不开现代社会民主有序、公平竞争的环境。但在我国现行教育体制下，存在着种种不利于质量文化生长的传统因素。例如，高度集权的大一统思想观念，既妨碍了我国教育行政部门转换职能，又妨碍了多元评价主体的形成。又如，中庸和谐的"道德理性"，重视道德对人格的养成，重视人际关系的和谐，这种人文主义的评价方式追求评价的民主性和伦理性，却明显忽视了评价须以事实为基础的科学精神。建设质量文化，需高度重视中国传统文化潜在的负面影响。

第二章　透视新时期高等教育质量管理问题

　　人类已经进入知识经济时代，世界各国的高等教育面临着越来越激烈的竞争与挑战，为提升高等教育质量，追求高等教育的高绩效，各国都尝试将质量管理引入高等教育中，从而提高教育质量，提高管理效率。欧美国家较早地将质量管理应用到高等教育中，并已经形成了较为成熟和完善的管理体系。中国高校也不能落后，也应该运用相关理论逐步提高高等教育质量。本章对新时期高等教育质量管理问题进行了分析与探讨。

第一节　高等教育从全面质量管理走向质量管理

一、全面质量管理与高等教育全面质量管理

（一）界定全面质量管理

　　全面质量管理是指一个组织以质量为中心，以全员参与为基础，目的在于通过顾客满意和本组织所有成员及社会受益而达到长期成功的管理途径。

（二）高等教育全面质量管理内涵

　　全面质量管理理论最早应用于生产型企业，要求实现产前、产中、产后的全面产品质量及服务质量管理。随着市场经济的不断发展，全面质量管理被广泛应用，对提高高等教育质量也起到了积极影响。

　　根据对全面质量管理定义的研究，笔者认为，高等教育全面质量管理主

要是指全国各个高等教育组织以提高教育质量为中心，以全员参与为基础，目的在于通过学生及社会满意和本组织内所有师生达到长期成功的管理途径。

二、高等教育全面质量管理存在的问题

（一）学术文化与高等教育全面质量管理产生冲突

全面质量管理从工商业中移植而来，然而高等教育的学术文化与工商业文化是不相同的。由此，学术文化与全面质量管理发生冲突，导致全面质量管理在高等教育领域中实施困难。

1. 学术自由与全面质量管理的冲突学

术自由作为经典的大学文化之一，显著区别于工商业界。大学教师有教学自由与研究自由，教学方式、课程内容、研究性质、专业价值，全都包含于学术自由之伞下。然而全面质量管理却要求加强控制，严格执行管理流程。

2. 终身制与全面质量管理的冲突

考奇（J. V. Koch）指出：工商业界的管理者可以通过命令下属的方式实施全面质量管理，处罚甚至开除那些不这样做的人。在高等教育机构中，由于教师享有学术终身制，事实上不可能这样做。而且，评估、提升、薪水等并不仅仅依赖于管理者的命令，而主要是教师的学术表现。强烈的学术传统通常意味着高等教育中的管理者（行政人员）不能充分利用行政权力，频繁地激励与处罚并不见得是强有力的。[①]

瑟万其（M. B. Sirvanci）从高等教育机构组织结构进行分析，认为高等教育机构建立在很强的院系模式基础上。院系结构更进一步得到这样的强化：对教员来说，终身制和提升决定是由院系开始的，院系互相竞争大学资源。这种强有力的院系结构的结果是，在学校层面推行 TQM 变得困难。[②] 因此，终身制的存在导致了全面质量管理的困境。

3. 教师工作方式与全面质量管理的冲突

教师倾向于个体工作而不是经常一起工作。小组教学活动非常少，许多学科的专业研究倾向于是个体的行动。因此，事实上，高等教育与社会上的

---

① J. V. Koch. TQM: Why Is Its Impact in Higher Education So Small? [J]. *The TQM Magazine*，2003（3）：329.

② 同上。

其他部门不同，集体工作与群体的方法一般少于社会上的其他部门。然而，集体工作是全面质量管理的要旨。

4.“共享管理”与全面质量管理的冲突

共享管理、教授治校是一种强有力的学术文化，尽管在不同的国家强弱不同，表现方式各异，但总的来说，它是一种强有力的管理文化。这种管理文化使得行政管理人员和教师共享管理与共同运用高等教育机构的权力。在学术事务上，教授会、学术委员会等组织做出的决定，其权威远大于行政管理人员做出的决定；就是在非学术领域，教授会、学术委员会成员也会有所参与。“非学术人员发现这种共享管理的机制是神秘的、令人惊叹的事。一个大学校长宣布他要实行全面质量管理项目是一回事，他能完成他所宣称的又是另一回事”。

（二）高等教育全面质量管理没有关注高等教育的核心领域

由于种种原因，许多大学在行政领导方面实行全面质量管理，而避开了教学与课程问题。高等教育的核心领域应该是教学与科研等学术领域。然而，高等教育领域中的全面质量管理却未能聚焦于这些核心领域。对此，有的学者指出：今天高等教育机构面对的最大的挑战是课程问题，是应该教什么、教授终身制的合法性、教员时间的利用、教学中技术革新的适当性、远程教育的影响与合理性、学生在校园中是否真正在学习、本科生与研究生之间资源与关心的分离、高校应该卷入经济发展风险到何种程度、学费水平、校园多样性、酗酒与吸毒等。但事实是，全面质量管理对这些主题价值非常有限。所有这些说明全面质量管理忽略了今天最重要的高等教育问题。它聚焦于学生怎样注册而不是他们学什么或教授终身制。因此，全面质量管理在学术界贡献不足的最重要原因是，它不对学院与大学面对的最重要的问题发言。

三、高等教育质量管理“走”来

在企业全面质量管理理论与实践的示范作用下，在企业质量话语的说服下，在一些发达国家从制造业到服务业，甚至于部分的政府部门都已经开始建立起全面质量管理系统。在非营利性组织当中，大学可能是为数不多的几个例外之一。客观地讲，与企业和政府相比，大学确实有许多特殊之处，但是绝对不至于特殊到不需要质量管理。在一个质量的新时代，任何组织，包括大学都必须高度重视质量管理，并积极地向其他组织，尤其是向企业组织学习质量管理的成功经验。"正如其他许多别的管理方法和态度一样，公共部门是在私营公司部门获得了经证实的成果若干年后才开始考虑并实施质量管理的。虽然实施质量管理的操作细节在部门之间存在差异，但仍存在一些质量管理的基本要素：上层对实行变革的承诺；具有认识、满足并扩大顾客需求的热情；进行不断的反馈和改进；授权雇员及团队进行改进；评估程序和绩效；具有战略眼光或给予长期关注。"① 应该说，公共部门与私营部门通过全面质量管理实践所积累下的这些经验对于高等教育质量管理具有极大的借鉴意义。

在经历了急剧的规模扩张之后，今天的大学无不面临质量与财政的双重危机。一方面资源在减少，另一方面又要不断提升质量。在这种双重压力之下，大学只有通过质量管理才能化解经营危机。西方部分发达国家高等教育市场营销的实践已经表明："加强对质量的关注可以以多种方式帮助他们所在的部门成功地完成长期和短期任务。他们认为关键是组织、对消费者和市场的敏锐反应、基于事实的管理和受价值驱动的决策过程——换句话说就是质量管理。"② 目前以美国为代表的西方发达国家的高等教育实践已经表明，由于受到源于工商业领域质量话语的影响，加之高等教育领域质量研究与实践的匮乏，全面质量管理已经不可避免地成为高等教育管理时尚中的一种。

尽管这一做法遭受了许多质疑，但是该方法的支持者对其效用仍持有乐观态度。在支持者看来，全面质量管理是新兴的管理理念与质量理念的结合，它具有普适性，应该得到普及推广。当然，现在还没有形成一个可以直接套用的全面质量管理的模板，但是每个机构都应根据自己的实际情况选用相应的全面质量管理手段，在管理实践中探索有效的管理方式，促进质量管理与组织文化的有机结合，进而获得新的质量理念乃至质量哲学。

一些教育领域的专家学者认为，尽管教育界还没有完全推行全面质量管理，但是该管理理念与教育的基本理念非常契合。教育研究者、教育实施者需要注意，质量管理的核心并不复杂，质量要求就是将平常的、普通的工作任务完成得非常好。全面质量管理是在机构的管理技术基础上产生的，而教

① ［美］帕特里夏·基利，［美］史蒂文·梅德林，［美］休·麦克布赖德，［美］劳拉·朗迈尔. 公共部门标杆管理：突破政府绩效的瓶颈 ［M］. 北京：中国人民大学出版社，2002：30-31.

② ［美］菲利普·科特勒，［美］凯伦·A. 福克斯. 教育机构的战略营销：第二版 ［M］. 北京：企业管理出版社，2005：28.

育机构本身就有着自身的质量管理要求，因此，全面质量管理在教育机构的应用就是在原有的质量要求基础上，不断改进、完善。并且，就高等教育机构而言，全面质量管理不能只局限在行政部门或服务部门，而是要深入教学、科研等核心领域，深入教学实践之中。只有这样才能切实提升高等教育的整体质量，保证高等教育机构质量管理的持续完善。

可以看到，尽管现在政府、企业对于全面质量管理引进高等教育机构这件事有着不同的观点看法，但是这一既定的事实正在警示大家：高等教育的质量管理需要得到重视。倘若高等教育机构无法根据自身的实际情况创造相应的、有效的质量管理方法，那么就需要向外部借鉴，正如借鉴源自社会企业的全面质量管理方法一样。

虽然经过一定的教育实践验证，全面质量管理理论与方法并没有在高等教育领域取得完全的成功，其不得不逐渐退出教育领域，这种生命周期性似乎不可避免，哪怕是在企业管理中，该管理理念也面临着诸多质疑。显然，全面质量管理在教育领域的败退在一定程度上打击了高等教育质量管理的发展，但同时这一失败经验也引起了高等教育质量管理的反思。人们开始意识到，高等教育质量管理发展必须注重高校自身的独特性，不能直接套用企业的质量管理模板，简单的粘贴复制是不可能取得良好的管理成效的。这是因为，高校与企业存在很大不同，教育质量与产品质量、服务质量也存在很大不同，教育质量是一个较为复杂的概念，用以评价教育质量的标准非常多，并且基于教育观念、教育视角的不同，任何一项教育质量评价标准都有可能遭受质疑，这就导致高等教育质量的定义与标准无法得到统一和明确。

由此可见，对于高等教育机构而言，是否应用全面质量管理理论与方法并不重要，真正重要的是对质量管理的重视程度。现如今，质量管理已经成为高校发展的重要课题，如果没有质量管理，我们很难看到一所高校的未来。

第二节　高等教育质量知识管理

一、高等教育知识管理的必要性与可能性

现在的许多高校还处于科学管理阶段，实际上在知识的假设方面高等教

育的质量管理与科学管理比较相近。尽管高等教育质量管理经受了全面质量管理的冲击，但是这种冲击并没有对其根本造成过多改变。从当前的高等教育质量管理实际来看，许多教师与学生还处在被动状态，主动权、决策权主要掌握在管理者的手中，他们决定着最终的质量管理政策。这其实不太合理，因为真正了解教育质量的是处于教育一线的教师与接受教育的学生，他们对质量的显性知识与隐性知识有着充分的了解，这是高校管理者所缺乏的知识经验，由于这种缺乏，管理者恐怕很难进行正确、有效的质量管理。可以看出，当前的高等教育质量管理存在一定的问题，即教育质量管理的权力并不在知识拥有者的手中，反而在行政管理者的手中。

知识管理对知识的假设又不同于科学管理、全面质量管理，在知识管理的视角下，知识资源的重要性不可比拟，在一个组织中，知识既是一个管理对象，也是一种管理手段。以往的管理理念认为，在组织管理中，知识管理只是一种隐性的管理手段，其根本的目的在于提升工作效率，提高工作质量。但是在知识管理的理念下，知识是管理目的与管理方式的统一，知识在组织管理中占据主体地位，它代表着整个组织的核心实力。

就本质而言，高校实际上就是一个知识组织，所有身处高校的工作人员都属于知识型员工，但现实情况是，许多高校并没有对知识管理予以充分重视。一直以来，人们都将知识看作海水，将高校看作水中的鱼，正所谓"鱼不知水"，这句话对高校与知识的关系进行了精确总结。在部分高校管理者看来，知识也许只是高校组织的一个零部件，是日常开展工作所需的材料，它并不算是珍贵的管理资源。在财政危机的影响下，高校的资源通常指办学经费，其次指人才资源。人正是承载知识的重要载体，对人的重视其实就是对知识的重视。但是在高校中，不同的人才分属于各个学科，人变成了学科的附属，人与人之间出现了明显的学科边界，这种边界阻碍了知识的共享，阻碍了高校建设完整的、系统的知识宝库的进程。基于这种系科的办学模式，高等教育的质量管理也面临着同样的困境。高等教育质量这一概念原本就具有跨部门、跨系统的属性，即使是在同一所高校中，不同的部门对教育质量的理解也存在差异，并且其具备的质量知识水平也有所不同，再加上各个部门之间的质量知识难以实现共享，这就导致整个高校对于高等教育质量的定义难以达成共识，对于高等教育质量的提升策略也就无从谈起。

要想切实提升高等教育质量，首先要做的就是推动高校内部的知识共享，从而开展教育质量知识管理。但现实情况是，在高校中知识如同空气一样自然存在，它既不能成为高校管理的对象，也不能成为高校管理的手段。一般来说，高校中的知识管理存在于系科层面，或者由某个学者、教师自主开展，具有一定的自发性。比如，一所高校的管理学科、教育学科可能拥有一流的水平，但是这些专门的学科知识很少用到该高校实际的教育管理工作中，这是因为高校管理者对于管理工作、组织手段往往有着自己的观点和看法，他们宁愿学习其他高校或机构的教育管理方法，也很少向本校的教育、管理专业领域的学者寻求帮助，共同探讨教育管理的方案。

同时，在当前的高校办学制度与管理制度下，许多学科的研究者也很少将本校视为研究对象，不会在本校的基础上进行专门知识的研究。高校进行了专业学科的划分，这种划分为知识划定了边界，知识成为某个学科范畴之内的东西，它只能存在于学者、教师、学生等个体的大脑中，很难实现共享，也很难为整个高校组织所利用。每个学科的建设目标都是促进自身学科知识的发展。高校往往凭借自身的知识为社会提供服务，但是高校本身的服务却没有成为其学科建设、知识发展的重要部分。一直以来，在人们的观念中，一所高校如果拥有一流的学科，那就代表它是一流的高校，同时它就具有一流的质量，因此学科的发展等同于高校的发展，学科成为高校的主要代表，而高校则成为教育质量的代名词。基于这种高校办学理念，高校的组织概念被淡化、忽视了，它成为所有专业学科的总称，其保障学科建设、促进学科发展的组织职能没有得到有效发挥。

需要明确的是，高校本身就是以一种组织的形式存在的，高校中的专业学科发展与知识发展可能会出现兴衰，但是高校这一制度本身是永远存在的。一所优质的高校应该为学科发展与知识发展提供良好条件，提供坚实保障，如果没有一流的大学，那么一流的学科也就没有良好的生存土壤。现如今，人们已经进入了一个跨学科时代，学科知识的边界正在逐渐被打破，知识的共享成为主要趋势，那些高校内的学者必须把自己的精力更多地投入高校的整体建设中，而不是只着眼于自己的"一亩三分地"。在跨学科时代，高校应该为学者、教师、学生建立知识交流、知识共享的平台，应该促进学科发展与知识发展的统一，保障高校发展与学科建设的统一，充分利用本校的学科知识资源，优化高校的组织结构，为高校发展、学科建设、知识创新创造良好环境。

可以发现，在很长一段时期内，高校的研究领域涉及各个方面，但就是不涉及自身，其推动了许多行业领域的改革，但就是不进行自身的改革。现如今，人们开始将目光转向高校，开始对高校组织展开深入研究，开始推动高校的改革，这当然也衍生出一些新的问题。由于当前针对高校的研究与改革尚处于发展阶段，人们还没有完全摆脱传统办学管理模式的影响，因此部分高校的改革就是对政府改革、企业改革、社会机构改革模式的简单套用，这显然是不合理的。高校本身拥有非常丰富的知识储备，在知识时代，这种大量的知识储备应该作为高校发展的突出优势，但是许多高校并没有充分利用这一知识优势，这导致高等教育质量管理的发展进程缓慢，难以见到良好成效。面对这种情况，高校必须把握时机，加强知识优势与质量管理的有机结合，借助知识管理的理论与方法促进高等教育质量管理的发展，使知识成为高校管理的切实财富，而不是无用的装饰。

总而言之，当前许多高校的知识管理意识非常缺乏，这些高校没有把本校各个专业学科的知识当作重要的发展资源，没有充分发挥自身的组织管理职能，让知识成为一种"摆设"，没有发挥其实际作用。高校沿用着传统的管理模式与管理理念，尽管其内部就有教育领域、管理领域的专家学者，但是高校管理者总是倾向于向外部学习，而忽视了内部的交流与探索，忽视了自身的独特性，这样必然难以找到适合自身发展的质量管理模式。因此，知识管理加入有助于高等教育质量管理的完善与发展。

二、学习型组织与高等教育知识管理

知识的普及、扩散是实施知识管理的重要基础，尤其是在高等教育中的普及应用。对于组织而言，如果知识是独享品，那么其很难发挥作用，只有知识成为大家的必需品，人手皆有，其作用才能在组织发展的过程中逐渐凸显出来，知识管理的实施才能具备有利条件。

(一) 大学是实施知识管理的理想组织类型

对比传统的管理范式，知识管理更加注重组织内部的分权与自治，这主要取决于知识的特殊性质。在知识管理理念中，要想实现知识的自由流动，就要将其置于高度自治与分权的状态下，使知识储量与决策权力相匹配，以此制定出最有效的知识管理决策。实际上，许多高校一直以来的办学理念都是自治与学术自由，这已经成为高校的办学传统，从这个角度来说，在高等教育质量管理中实施知识管理具有一种天然的优势，高校是实施知识管理的理想组织。从知识管理的角度来看，高校是所有社会组织发展的理想型，其应该成为知识管理的先行者与优质榜样。

从理论层面来说，高校实施知识管理的条件、环境已经完全具备，但是现实情况是，许多高校的知识质量管理并不尽人意，甚至非常落后。高校管理者需要明白，在知识时代，如果一直抱着传统的、落后的管理理念不放手，不讲效率、不讲质量，只知道进行机械的模仿，那么高校自身的优势就无法充分发挥出来，有效的知识管理模式也无法建立，高等教育质量难以真正获得提升，只能继续在"落后"的困境中挣扎。

随着信息技术与现代教育技术的发展，知识管理逐渐成为高等教育质量管理的重要手段，它为高校发展提供了新的思路，当前的各个高校应该把握知识管理的机会，将知识管理作为高等教育质量管理的重要切入点，促进高等教育质量管理在知识时代的新发展。

（二）创建学习型大学是实现高等教育质量知识管理的必要前提

在知识时代背景下，人们对知识管理的重要性逐渐有了正确的认识，之后的问题在于如何顺利实施高校知识管理。需要明确的是，知识管理只是一种工具，一种手段，它很难独立解决高校运行过程中出现的各种问题。因此知识管理必须与其他管理手段相配合才能达到良好的管理效果，充分发挥其管理作用。将知识管理引入高等教育质量管理中，将学习型组织的构建作为知识管理的重要工程，这是开展高校知识管理的有效策略。从某种角度来说，实施高等教育质量管理中的知识管理，首先要创建的就是学习型高校。

"知识管理与组织学习、学习型组织具有许多相通之处，它们都强调持续学习的重要性，其中知识管理更关注显性知识与隐性知识之间的互动；组织学习、学习型组织则强调以整体组织的形式完成学习，其中组织学习倾向于对组织动态面的研究，学习型组织倾向于展现当前社会中的理想组织。"① 在学习型组织看来，知识的获得建立在学习的基础上，而教育质量则建立在知识的基础上。所以，学习型组织将学习作为重要的生活方式，其对知识管理的实施有着重要影响。具体来看，学习型组织主要具备以下几种特点：其一，学习型组织擅长解决、处理问题；其二，学习型组织敢于创新，敢于运用新

① 王如哲. 知识管理的理论与应用——以教育领域及其变革为例 ［M］. 台北：五南图书出版社股份有限公司，2002：56.

的理论与方法；其三，学习型组织能够反思、总结以往的经验教训，从而获得新的发展思路；其四，学习型组织愿意从其他组织那里学习有效的方法；其五，学习型组织能够高效、快速地传递、共享知识。由此可见，学习型组织对于高等教育质量管理的发展与知识管理的实施有着重要的促进作用。

（三）大学成为真正的学习型组织并不容易

现阶段，由于高等教育质量管理尚处于发展阶段，许多高校还没有完全认同学习型组织。这无疑给高等教育质量知识管理的推行造成了较大的障碍。但不论怎样，对于高等教育质量的提升而言，知识管理绝对是一个正确的方向，因此建设学习型高校是高等教育发展的必经之路。然而建设学习型高校绝非易事，这需要调动多方力量、多方资源，花费许多的时间与精力。尽管高校天然具备了很多学习型组织应该具备的要素，但是要想将其改造成真正意义上的学习型组织依然有很长的路要走，我们需要付出耐心，不能急于求成。

正如有的学者所说的那样："很多组织并不具有真正的学习能力。要想让一个组织在面对时代变化或挫折时，能够抛却以往的知识，重新进行'学习'是非常困难的。组织的惯性使人们倾向于保持在'稳定'的状态之中——不管这种'稳定状态'是好是坏。要想彻底忘记之前的知识经验，重新学习新的知识方法，对于组织而言并不容易。"[1] 这就是高校的真实写照。很多高校都具有一定的文化保守性，其很难摆脱传统的管理思维定势，改变一直以来的组织习惯。实际上，很多高校都积极接受和认可了知识管理的理念，但是在实际执行的过程中往往面临着诸多问题。与其他组织相比，教育部门、高校组织在知识创新、观念转换、模式改革等方面的表现并不好。

（四）知识管理手段利于高校质量管理的有效实施

在知识经济时代，知识已然成为社会中最重要的资源，它甚至推动了社会结构的改变，形成了一种新的"知识宗教"。知识为社会发展提供了源源不断的动力，这种动力不仅作用于经济领域，也作用于政治领域，因此其必然会掀起管理领域的革命热潮，即推动全面质量管理向质量知识管理的转变。

---

① ［法］查尔斯·德普雷，［法］丹尼尔·肖维尔. 知识管理的现在与未来 ［M］. 北京：人民邮电出版社，2004：340.

就管理革命而言，知识管理与学习型组织将成为不可或缺的革命工具。

在知识时代背景下，任何组织的管理决策都不能再随意制定，而是要基于专业的知识理论。高校的本质就是生产知识、传播知识、应用知识的场所，倘若在教学实践中忽视了知识管理，没有将知识管理作为重要的管理手段，那就违背了高校的根本性质。现如今，高等教育面临着质量危机，这就要求高校切实执行质量管理，探索有效方案，提升高等教育的质量水平。

基于高校组织的特殊性质与管理理论的应用发展，实施高等教育质量管理的核心在于落实知识管理。推动高校从以往的传统组织变身为质量组织，这个过程离不开知识管理。一方面，知识管理能够有效应对高校工作人员质量知识欠缺的问题，加快高等教育质量管理进程的推进；另一方面，知识管理为高等教育质量管理提供了一种新思路、新方向，它有助于高校知识管理的系统化、深入化发展。

第三节　高等教育服务质量管理

一、高等教育服务概述

（一）认识高等教育服务

高等教育作为一个复杂的特殊系统，是教与学双方的辩证统一。高等学校主要提供高等教育服务，即高等教育机构利用教育设施、设备和教学实践活动，为教育消费者提供用于提高或改善受教育者自身素质，促进教育需求者人力资本增值的非实物形态产品。对教育服务的需求主体——求学者个人而言，实际上是通过听课、思考、消化来获得各种知识，消费了各种性能的教育服务产品，从而使自身人力资本增值。从这个意义上说，高等学校的产出是教育服务，而学生自身的产出才是人才。高等学校产出的是高等教育服务而不是人才，而且教育服务是高等学校的主要产品，可以分两个层面来解释：第一，高校并不能像生产企业拥有自己的产品一样拥有人才。在生产企业，产品归生产者所有，通过交换过程，所有权发生转移，产品才进入消费者领域。而人才并不为高校所有，在教育服务的生产和消费过程中，人才的所有权属于人才自身而非高校，没有涉及任何所有权的转移问题。人才市场上的供求双方是人才与用人单位，高等学校与用人单位之间不存在真正的交换关系。因此，从这个意义上说，高等学校的产出是教育服务而非人才。第二，无论是制造企业还是服务企业，其所提供的产出实际上都是有形产品和无形服务的混合体，只是各自占的比例不同。从顾客的角度来说，顾客无论是购买有形产品还是无形服务，服务本身也是产品，其目的不是为了得到产品本身，而是为了获得某种效用或收益，如购买教育服务产品是为了自身人力资本的增值等等。因此，我们可以说，教育服务是高等学校的主要产品，学生是教育服务的消费者。

（二）高等教育服务的特征

1. 双重性

根据美国经济学家保罗·萨缪尔森（P. Samuelson）创立的公共产品理论，全部社会产品被划分为私人产品、公共产品和准公共产品。高等教育兼具公共产品和私人产品的双重属性，属于准公共产品，具有使个人和社会双重权益的特征。[①] 一方面，通过教育使个人人力资本增值，从而在劳动市场交换过程中获得较高的报酬水平和社会地位。另一方面，由于拥有更多优秀人才。社会生产力不断发展，科技不断进步，社会文明程度不断提高。因此，社会成员接受高等教育，有较大的个人权益和溢出效应。

2. 长效性和显效性

长效性指高校和其产品——学生对社会的贡献时间较长，学生在校不仅学到了知识，掌握了能力，培养了良好的品质。更重要的是提高了思维能力，建立了自我学习、自我更新的模式，形成了更符合时代的"耗散结构"。这种再生学习模式可使他不断吸收新知识，抛弃旧观念，始终处于知识和时代的前沿，成为可对社会持续作用的重要的人力资源。显效性是指这种作用力不仅在时间上是长期的，在效果也是巨大和显著的。

3. 复杂性

一方面服务的生产者和消费者具有复杂性。例如，消费者的个性、知识经验、教学期望等不同，会产生不同的服务效果。另一方面，高等教育服务

---

① 厉以宁. 关于教育产品的性质和对教育的经营 ［J］. 教育发展研究，1999（10）：9-15.

是脑力劳动，服务过程是智慧的迁移过程，要符合心理科学和教育科学的规律，须专业人员"因材施教"才能取得成功。

4. 精神性（知识性）

高等教育服务中最本质的特点就是其精神性。高教服务的过程就是知识的生产、传输、运用的过程，是主观意识的双向流动过程。服务业中的旅游业、法律服务业、电信业也有增加知识的作用，但与高等教育服务相比，它们显得零散、单一和肤浅。同时，高等教育服务还具有高度的精神享受性，在追求知识的过程中，感受到了科学、文化、艺术带给人们的美感和乐趣。

5. 综合性

对社会而言，高等教育服务不仅生产、传播、运用了知识，同时，学术研究的民主精神可使国家更加民主和进步，而批判精神可使其成为社会的"清醒剂"，使社会避免庸俗和倒退。对学生个人而言，高等教育服务使其得到全身心的提高，从一个水平上升到另一个水平，满足了求知欲，增强了就业竞争力，享受了知识带来的快乐。

二、高等教育服务质量的过程

高等教育适应市场主要是适应服务市场，基于此，笔者认为，高等教育全面质量管理过程，应从教育需求主体的需求与动机分析入手，将其分解为高等教育需求分析、人才培养方案设计、高等教育教学过程以及高等教育教学过程的评价与分析等。

（一）高等教育需求分析

高等教育需求分析是一个十分复杂而又极其重要的问题，可从教育需求的主体、服务的区域等不同角度进行。它是高等学校定位和设计人才培养方案的前提，是高等教育全面质量管理过程的出发点与归宿。因此，科学而合理的需求分析对办好高等教育具有十分重要的意义。高等教育需求分析是一个动态的概念，存在于高等教育全过程中，不仅专业开发课程体系的设计要进行需求分析，教学过程中进行教学设计也要进行需求分析。动态地满足求学者多样化的求学需求是高等教育质量管理的需求。

（二）人才培养方案的设计

人才培养方案的设计是指根据高校的定位，结合学校自身的优势和条件而进行的一系列设计活动。主要包括培养目标和培养规格的确定、教学内容和课程体系的设计、教学进度和教学方法与手段的安排、教学管理制度和教学质量监控办法的制定等。

（三）高等教育教学过程

高等教育教学过程是高等教育人才培养方案的具体执行过程，其执行的情况如何直接关系到高等教育教学的质量。高等教育教学过程作为一种服务传递过程，主要特点有：是一种高接触性服务，教学过程是教师和学生共同作用的结果，其教学质量的好坏取决于教者与学者双方；其周期一般较长，除短期培训外，一般都在三年以上，其间包括几十门课程和各种不同的教学环节，学生将接受许多具有不同专长和风格的教师的授课和指导。

（四）高等教育服务质量的评价及教学工作的分析

高等教育服务质量的评价及教学工作的分析是高等教育全面质量管理过程的最后一个环节。其评价和分析对高等学校的定位、人才培养方案的设计、教育教学过程都会产生重要影响。

三、提高高校服务质量的策略

在高等教育服务市场的竞争中，高校管理的重点应是采取措施提高员工的工作满意感，从而提高高校教育服务水平，提高求学者消费价值，最终提高学生的忠诚度，获得高校核心竞争力，取得持续盈利能力。

（二）学校管理方面：加强高校形象建设

高校形象是高校在长期办学过程中逐渐形成的办学思想、校园文化以及校容校貌等的总体在外界的印象和评价，它是高校的标识，具有鲜明的个性和特色。通常包括三个层次的内容，即外层的视觉形象，如校徽、学校的标志性建筑、校名的字体设计等；中间层的行为形象，如师生员工的学习、工作行为等；最里层的办学理念形象等。高校形象建设在形成高校核心竞争力的过程中是不可缺少的。

（1）高校形象建设对外界是一个良好的服务营销方式，一如产品品牌的市场吸引力，良好的高校形象本身就是对学生做的最好广告。

（2）回到本文的服务利润链的分析过程，高校形象可以通过提升师生两方面的满意度而影响到高校的长久竞争优势。事实上，前述的营销作用究其实质是通过提升求学者的满意度而达到营销目的的：一方面，高校办学理念如求学精神、对待学术的态度等在不知不觉中渗透到学生的思想中，体现到行为中，并在学生求学、就业的过程中显示出价值；另一方面，良好的高校形象赋予学生荣誉感和自豪感，不论在求学过程中，还是在就业后，只要提起母校，就会产生一种心理满足。因此，高校形象通过提高学生的满意度，事实上达到了营销的目的。

高校形象在作用于学生的同时，也作用于高校教职工。首先，高校形象赋予教职工责任感、使命感，使他们自觉注意自己的行为，时时处处维护学校形象；良好的高校形象给教职工带来荣耀感和优越感，对于稳定师资队伍是最好的方剂。另外，良好的高校形象会在潜移默化中影响教师的工作态度、学术作风、科研精神，影响到教师的师德人品，并最终影响到教师的教育服务水平。

（二）个体层面：关注教职工的职业发展前途

马斯洛的需求层次论认为，人的最高需求是自我实现的需要。高校教师作为社会的高素质人才，在现在的社会工资体系中居中等收入者之列，其基本的衣食住行需求已经得到满足。是否有职业发展前途，能否在学术上有所建树，能否在科研方面有所突破，是他们更为关注的东西。高校管理者如果能在这些方面为教师做好服务，必然能激发其工作主动性、创造性，充分发挥其潜能。

1. 为教师提供良好的科研环境

作为提供高等教育服务的具体实施主体，教师本身的科研能力、科研水平与其教学服务水平是相辅相成的，甚或在某种程度上，是科研水平决定其教学水平是相辅相成的，甚或在某种程度上，是科研水平决定其教学水平的。国际国内许多知名大学，往往都是科研型大学，可从一个侧面反映出这个道理。所以，高校管理者要为高校教师提供良好的科研环境，科研开发部门要为高校教师收集尽量充分、及时的科研信息，财务部门要提供给科研人员足够的科研经费，为科研人员提供必要的仪器设备，使学校形成以科研促教学的局面。

2. 加强教师的继续教育

加强教师的继续教育工作首先是高等教育服务的基本要求。高等教育的教学内容是不断变化、更新、与时俱进的，而教师的知识结构在完成最后一档学历教育后便基本定型，尽管在教学与科研过程中，教师的知识结构会做一些调整，但是对于新学科、新领域毕竟缺乏系统的掌握，因而他们需要通过继续教育来完成知识的彻底更新。其次，加强教师的继续教育可使教师体会到校方对教师职业发展前途的重视与关心，从而激发教师的学习积极性和工作主动性。另外，加强教师的继续教育可以稳定教师队伍。多数接受过培训的教师会用道德标准来约束自己，认为应该对得起学校的栽培，不会因感觉"我给学校做了这么多贡献，学校却没给过我什么"而不安心工作甚或另谋高就，人才流失的现象会得到有力的控制。

（三）制度层面：改革员工绩效管理系统

一个完善、有效、正确合理地评估员工工作业绩的绩效管理系统，可以起到激励、约束、控制、引导员工行为的作用，相反，倘若一个绩效管理系统存在种种弊端与不足，将会对员工的行为、心理造成负面影响，员工的工作满意感可能因此大打折扣。笔者认为，目前，我国的高校绩效管理系统尚存在以下几种问题。

1. 绩效考核方法形式化

尽管在大多数高校中，已经形成了多种绩效考评，诸如纵向考评、横向考评、360度考评、自我考评等方式和方法，但是这些方式和办法多数流于形式，很容易使考核过程成为考核者与被考核者的博弈游戏，或者成为填表游戏，并不能真正发挥提高绩效的作用，还可能使员工与管理者之间产生矛盾，影响员工的工作热情。

2. 绩效考核指标简单数量化

目前我国高校的薪酬制度多数为工资+课酬+论文奖励+年终奖金的格局，其中，工资部分由技能工资和岗位工资构成，基本属于旱涝保收；年终奖金近似平均分配，按职务职称拉开几档，已成惯例；真正与员工工作业绩挂钩的是课酬和论文奖励。很明显，这种具备激励性质的薪酬颁发实际上只与员工工作数量的多少有关。这种只重工作数量、不重工作质量的考核指标，会使很多教师以完成课堂教学任务为全部任务，工作和学习主动性、开拓进取精神则无从谈起。

3. 奖励手段单一化

高等教育服务的市场化并不意味着一切行动货币化，人是一个复杂的人，人的行为受到很多因素的影响，不是有钱就可以决定一切的。特别是在高校的高级知识分子中，很多学者孜孜不倦地追求学问，做科研探讨，将金钱、地位抛诸脑后，对于他们，领导的关心、过问与支持可能比发奖金更能激发工作热情。

因此，改革现有绩效管理系统已势在必行。笔者认为，在形成严格的考评制度并丰富激励手段的基础上，最重要的一环是将柔性评价指标引入绩效管理系统，这种指标应包括学习工作态度、开拓进取精神、团结协作精神、创新能力、课堂教学效果等内容，并根据各个指标对提高教学服务质量所起作用的重要程度的不同，确定权重，综合考评。当然，由于柔性指标的考核主观色彩太浓，容易产生人为操纵的现象，具体怎么操作尚待进一步研究。

4. 建立学习型组织

不断学习是教职工提高素质从而提高教育服务质量的必备前提，所以是高校对教职工的要求；同时，不断学习也是教职工充分实现个人价值的原动力，因而也是教职工的个人需求。建立学习型组织，超越自我，充分展现潜能应成为高校现阶段的一项重要任务。

学习型组织是指通过培养弥漫于整个组织的学习氛围，充分发挥员工的创造性思维能力而建立起来的一种有机的、柔性的、符合人性的、富有团队精神的、能持续发展的组织。学习组织最大、最持久的竞争优势就是有能力比竞争对手学习得更快。有人会觉得，高校由于其功能和职能限定，本身就是一个学习的机构和场所，学生要读书，教师为教书而读书，为什么还要创建学习型组织呢？这里要特别指出，学习型组织不同于传统意义上的学习机构。在传统学习机构中，学习多为个体学习，是为了个体适应和生存而进行的，也是为了提高作为组织成员的个体的能力和素质而进行的。学习型组织则不同，它是一种管理模式，组织按计划开展培训以及团队学习活动，学习内化为组织的日常行为，被动学习变成主动学习、自觉学习，零星分散学习变成制度性、系统性学习。学习不是只停留在个体学习的层面上，而是着力于组织学习，通过组织内部互相学习、整体互动、协调进取，高校可及时排除成长过程中的障碍，不断突破组织成长的极限。与此同时，组织学习也突破了个人成长的极限，从最大程度上挖掘了员工的个人潜力，自然也提升了员工工作满意感，提高了教学服务质量。

第四节　高等教育质量管理展望

一、内部管理与外部监控开始融合

通常情况下，我们可以将高等教育质量的影响因素划分为内部因素与外部因素。其中，外部因素有政府支持、企业合作、社会帮助，等等；内部因素有生源质量、教学模式、管理制度，等等。因此，高等教育质量是在诸多因素的综合作用下呈现出来的，不能只考察某个单一的因素。

从宏观视角出发，高等教育质量管理体系由两个部分构成，即内部管理与外部监控。其中，内部管理主要依赖高校自身；外部监控则有赖于政府机构、社会组织来完成。政府对高等教育质量的管理手段主要有：制定相应的法律法规与政策制度，采用一定的经济手段进行监管，对高校进行定期的视察评价等。社会组织则可以在政府的委托下对高校教育质量进行评估考察，也可以与媒体合作，加强对高等教育质量的舆论监督。政府与社会组织相比，前者对高等教育质量的管理手段属于间接手段，注重从法规、政策、经济等方面对教育质量进行管控，从某种角度来说具有一定的强制性；而社会组织对高等教育质量的管控具有自愿性，大多从指导、帮助的角度出发。

目前对于外部质量监控已形成的基本共识可以归纳为："一个法定的、权威的独立专业机构；具有对学术质量的清醒认识，并有由此演绎的质量标准和政策；以平等友好的姿态与学校和专业相处，重视学校和专业的自评，鼓励其创造性和多样化；认证或审查工作保持独立、公正、公平、严格、透明和决策一致性；基本工作的周期性环节是：学校自评和同行专家组审阅自评报告、专家组现场考察；相关委员会作认证结论，并在不同程度上予以公布；后继整改程序；提供公众信息，实行公众参与；对自身的工作实行内部审查和外间审查，不断改进工作；有充分的资源支持其外部质量工作。"①

与外部监控相比，内部管理主要是大学对于自身的监控。对大学而言，既可以成立专门的质量管理机构，比如，质量管理委员会，专门负责质量问

---

① 毕家驹. 国际高等教育质量保证发展动向 ［J］. 中国高等教育评估，2006（4）：36.

题；也可以将质量管理职能赋予所有的相关机构，各部门共同进行质量管理。实践中由于质量的复杂性以及质量本身对于组织已经越来越重要，已经不能再由某个部门或某些专业人士专门对质量进行管理，而是需要全员的参与。因此在内部质量管理体系中可能既设有专门的质量管理委员会之类的机构，也赋予其他各个部门质量管理的职能。

对于内部质量管理体系目前已经形成的共识可以归纳为："以现代质量管理理论为指导；首要的任务是逐步形成校园质量文化；制订与此相应的政策和策略；质量保证体系应是全员参与，覆盖学校全方位、教育全过程；质量保证程序应是周而复始的，保持持续地改善和提高质量；专业培养计划，教师课堂教学，学生成绩评价，和学位授予是保证和提高质量的重要环节；有充分的资源以支持学生的学习；有效的管理信息系统和公正客观的公共信息系统。"①

所谓的内部质量管理体系与外部质量监控体系并不是绝对截然两分，二者必须相互补充。内部质量管理体系的存在是外部质量监控体系发挥作用的基础。没有内部质量管理体系的存在，外部质量监控就无法落到实处。如果没有外部质量监控体系的存在，内部质量管理就会缺乏必要的动力并有可能滋生惰性。仅就评估而言，内部质量管理体系的作用可以概括为"自评"，外部质量监控体系的作用可以概括为"他评"，二者相互补充，相互促进。

目前在我国高等教育质量管理过程中，内部质量管理与外部质量监控间经常呈现出脱节或两张皮的现象，有时甚至相互矛盾。我国高校内部质量管理体系存在的真实目的往往并不是为了提高本校教育或教学质量，而只是为了迎接或应对外部的质量评估，从而使手段异化为目的。这种情况在我国本科教学水平评估过程中表现十分突出，部分学校为了应付或"迎接"评估，除以极高规格接待评估专家之外，甚至发动全校教职员工和学生集体"造假"。

"造假"现象的出现一方面反映了我国高校质量文化的缺失或扭曲以及质量评估过程中信息的严重不对称，另一方面也体现了我国高等教育质量管理过程中内外体系间的不匹配。在今天由于质量太重要，已经不能把它交给命运，也不能将它仅仅交给一部分的专业人员，所有的人都应对质量负责，质量应该作为整个组织的一种生活方式。高等教育领域同样如此，也必须将质

---

① 同上。

量作为一种生活方式。只有这样，质量管理才不会异化为政府与高校的一种负担。

现如今，高等教育所面临的质量危机只依靠高校自身是无法得到有效解决的，因此，需要充分调动政府、社会组织的力量，从多个方面完善、改进高等教育质量管理的制度体系，加强人们对高等教育质量的关注，要树立长远的发展目标，打破"质量壁垒"，在内部与外部的合作中推动高等教育质量管理的发展。

二、质量管理重心开始下移

为了适应社会主义市场经济建设步伐，推动"管理重心下移"是我国高等教育质量管理系统变革的重要步骤。所谓"管理重心下移"，就是要把提供质量信任的活动交给高等教育领域的微观主体——高校、教师和学生。"提供信任"的含义包括：第一，提供足够的信任，它包括在高校内部高校管理者、教师、学生之间的相互质量信任，对外向政府、企业、家长等利益相关人和市场需求者（教育服务或人才的需求者）提供信任；第二，质量管理活动要能够得到证实和实施，并建立质量保证的组织机构和制定行动计划；第三，质量管理活动要全面反映顾客的要求和愿望。"质量管理重心下移"表现为三个层次：政府保留高等教育质量立法权、拨款权和元评估权（指对中介机构评估程序、评估方法、评估结果的再评估）；质量监督与评价权移交给第三方中介机构；质量管理的主动权逐步移交给高校，高校的质量管理向教学过程迁移（调动教师和学生的质量意识）。"质量管理重心下移"的后果是实现高校的质量自律和部分自治，调动高校全体成员、各个价值链环节的质量自觉，推动更加适应市场需求的质量创新。

全面质量管理理论在高等教育领域中的应用和创新，为高等教育质量管理的重心下移提供了理论与技术上的支持。全面质量管理的核心思想是全面的质量、全过程和全员参与[①]。全面质量观从根本上改变了组织的属性及其基本运行规则，传统的以专门分工为基础的相互割裂的系统正在被相互反馈、紧密联系的系统所替代；全面质量除了要制造更好的产品和提供更好的服务以外，它更加重视探索制造更好产品的更好途径，以提高资源利用和配置效率；全面质量管理向产品或服务的上游（原材料供应）和下游（顾客）延伸，

---

① 宋明顺. 质量管理学 [M]. 北京：科学出版社，2005：15-17.

表明其对利益相关人的整体利益负责的价值观。以高校毕业生质量和高等教育服务质量为特征的全面质量观,以贯穿于学生培养的全部价值链为特征的过程质量控制,以及以高等教育利益相关人(包括国家、社会、学校、家长、学生等)的共同参与为特征的质量保证体系有利于推动高等教育质量管理的现代化和科学化,促使高等教育质量管理更多地表现为高等教育利益相关人的主动与自觉行为;例如学校和学生更加地自律,社会组织、用人单位主动监督等等。这种质量互动的结果不仅降低了质量管理成本,提高了质量管理效率,更重要的是推动了质量管理的良性循环,推动了高等教育质量的不断升级与优化。全面质量管理的理论与实践赋予了质量管理的所有利益相关人表达质量诉求、主动参与质量管理的机制,有助于树立和推广高等教育质量是所有利益相关人共同事务的观念,真正建立民主、互动、表达个性与特色的质量环境与质量意识,由质量管理的单方主权向质量管理的多方或多边主权转化,把质量意识和质量参与意识转化为制度化的约定和自觉的质量行动。

三、从质量评估向评估质量管理体系演进

世界各国的高等教育质量管理大致都走过了如下几个相似的阶段。一般在早期往往先是一个单一的机构(政府的或民间的)对于高等教育质量的某一个方面(教学或科研)进行临时性(非制度化)的评估或监控;稍后会同时有几个不同性质的机构(有政府的也有民间的)对于高等教育质量的不同方面(有教学也有科研)进行制度化的评估与监控,但机构之间互不沟通,独立开展工作,有时难免重复;再后来通过政府的协调高等教育质量的监控机构会整合成为一个有机的系统,互相配合,相互促进,提高效率;最后一个阶段就是对高等教育质量管理体系本身的反思。目前在部分国家的实践中,由于质量评估与监控机构的不断增多,加之过度的制度化,高等教育质量评估的负面影响开始显现,为了克服某些负面影响,更好地发挥质量管理的积极作用,成立专门的机构对于高等教育质量评估机构和高等教育质量管理体系本身进行评估成为必然的选择。今后应将政府、社会、中介组织对高校的专业和院校鉴定、评估、审计方式逐渐转向对高校质量保证体系的评估和审计,因为只有在完善的质量保证体系下才可以从整体上保证教育质量。

对于高等教育质量管理体系的评估是高等教育质量管理发展的必然趋势。因为无论是理论上还是实践中高等教育质量本身都非常复杂,甚至难以界定,

很难直接监控、测量和管理。企业领域质量管理的实践证实，只要一个企业质量管理体系是完备的、有效的，并运转良好，产品的质量就基本可以得到保证。高等教育质量由于是一个抽象的存在，难以进行直接管理，因此，管理其质量管理体系不失为一个有效的选择。

我国高等教育质量管理目前尚处于初级阶段，广义上虽然也有几种不同性质的组织参与高等教育的质量评估，但事实上由于高等教育质量评估仍然是国家主导、行政主导，社会中介组织与院校自身在高等教育质量评估方面的积极性没有得到释放，更谈不上对于质量管理体系的管理，对于评估机构和评估结果的评估。在高等教育质量管理过程中，政府的合理定位应是宏观管理，不应或不宜直接介入高校的内部进行实质性的质量评估。但在中国现有的体制背景下，高校与政府之间处于一种不对等的地位，类似一种互不信任的父子关系，因此高校对于任何来自政府或具有政府背景的监控与评估都十分小心、刻意提防。如果政府直接操纵一个行政主导的评估机构对高校的办学水平进行监控与评估，被评高校必然全力以赴地"迎接"政府的评估，最终无论政府有无政策性的奖励，都会导致一种另类的"应试"现象，即高校的工作重点转移到了"迎接"和"应付"评估，而忽视了自身真正的使命，即质量建设。目前，改变这种被动状况的唯一出路在于转变其职能，把政府工作重点转移到建立一个合理、公正、公平、透明和权威的高等教育质量评估、认可机制上来，并通过立法、拨款、奖惩、参与独立评审机构决策、任命部分评审机构决策人员等手段，主导和影响评估进程。如果高等教育质量管理过程中仍然需要政府的存在，那么也要依法建立独立、自治的专门评估、认可机构。

历史上，我国高等教育质量管理基本沿用过程监控模式。这种模式的缺点主要表现为：注重对学校办学过程与环节的考核与评估，缺乏对教学结果的评定。注重对学校的整体评价，忽视对学科的评估。评估过程中对所有学校沿用统一标准，不能很好地反映学校的办学特点。缺少社会中介组织的参与和监督。近年来伴随着我国高等教育改革的不断推进以及对于质量管理的不断探索，我国高等教育质量管理体系的发展趋势已经日益明朗，传统的质量评估体系正逐渐地向更广义的质量管理体系过渡。目前正在实施的监控制度是质量管理的一部分，但需要不断改进。建立相应的质量管理系统也是学位和认证的需求。这项政策要求质量管理系统和审计应该有一个具备资格的第三方进行定期的审核。借鉴国外高等教育质量管理的实践经验，并结合我国高等教育质量评估的实际状况，新时期我国高等教育质量管理体系的建立必须以市场机制为核心，以建立完善的高等教育质量管理体系为目标，以高等教育质量文化的培育为工作重点，并逐渐走向质量经营之路，把外部质量管理的权力逐渐交还给社会中介组织，政府部门应借助于市场机制与中介组织两种手段来调节高等教育的服务面向、资源分配和人才培养的规格。在此基础上，最终形成政府评估高等教育质量管理体系，高校积极树立质量经营意识、培育优秀的质量文化，社会中介组织积极参与高等教育质量评估的三位一体的高等教育质量管理体系。

四、从适应性地面向确定性未来，转变为引领性地面向不确定性未来

现在研究高等教育质量与评价，其实就是要探讨高等教育"究竟要培养什么样的人、如何去培养"这样一些根本问题。高校在培养人这一根本问题上要有一个什么样的定位，要把握一个什么样的方向？是适应性地培养人，还是引领性地培养人？所谓适应性培养，即高校培养的人才适应当下或未来，不论是适应当下还是适应未来，都具有确定性特征。当下的确定性是显而易见的，而对于未来的确定性而言，人们现在经常讲教育是为未来培养人才，但我们所言及的未来是一个预设"存在的社会"。也就是说，对这个未来，人们会有一个预设，不管这个预设是来自未来学家，或者是教育者和教育机构。并且，这个预设非常确定，也即是一个确定性的未来。而高校就是为这样一个预设的确定性的未来培养人才。引领性培养则强调未来的不确定性，充满无限的可能性。实际上，早在 1972 年联合国教科文组织发表的报告书《学会生存——教育世界的今天和明天》就指出：教育"在历史上第一次为一个尚未存在的社会培养新人"，"替一个未知的世界培养未知的儿童。"[①] 这份报告书告诉人们，未来是一个尚未存在的社会，也就是说这个未来社会本来就是不存在的，它是需要人类培养的人去创造的。所以，今天需要强调的一个重要的高等教育质量观，就是高等教育培养的人所适应的未来，实际上是一个并不存在的社会、未知的世界，或者说是一个不确定的未来，是一个充满无限可能的未来。高校需要培养出新人去面对这种不确定性的未来，最终创造美好未来。显然，这种"创造美好未来"具有引领性品格。

---

① 联合国教科文组织国际教育发展委员会. 学会生存——教育世界的今天和明天 [M]. 上海：上海译文出版社，1982：38.

今天，高等教育要面向未来社会培养高素质人才，就应从适应性地面向确定性未来，转变为引领性地面向不确定性未来，特别是要着力培养学生的一种创造未来的素质，这样才能真正做到"既改变着走出路的人，又改变着目的地本身"。当前，大学的创新创业教育正是朝着这个定位、这个方向去努力的，但需要改进和完善的地方还很多。

五、从机器智能向人类智慧发展

现在人工智能这一块发展很快，而且在教育领域受到了极大的关注。智能时代到来，高等教育在人才培养质量方面应该做些什么？一方面，需要热情拥抱这样一个时代；另一方面，人们可能还有些许的恐惧，因为这个时代的到来有可能会对高等教育造成很大的冲击，甚至包括对大学人才培养目标定位的影响。比如，过去高校针对非智能时代的岗位需要去培养学生，但在智能时代，这些岗位可能已经或很快就会被智能机器所取代，高校培养的毕业生就可能会面临无法就业或失业的状况。这是一个很现实的问题，也是一个富有挑战性的问题。

面对智能时代，高等教育究竟应该培养什么样的人才不会被智能取代？要回答这个问题，需要区别人类的智慧与机器的智能。人类智慧超越机器智能至少可以包括以下三个方面：第一个方面就是人类拥有的综合思维能力和融会贯通的能力；第二个方面就是人类的创造性思维（智能机器可能可以按照一些固定的程式或程序来做很多事情，但创造性思维是缺乏的）；第三个方面，人类的人文因素是智能机器不可能拥有的。那么，这就决定了在考虑高等教育质量问题、在设计人才培养模式的时候要特别注意以下三点：第一是加强学生综合思维能力和融会贯通能力的培养，这就要求加强通识教育；第二是加强创造性教育，这便包括创新创业教育，即"双创教育"；第三则是在人工智能使用方面的人文主义取向。

六、从过程向结果发展

关于高等教育质量保障模式的问题，笔者可以用一个案例做一个类比：在餐饮业有两种质量保障模式，一种是快餐式的质保模式，另一种是米其林指南式的质保模式。快餐式的质保模式是一种标准化的质量保障模式，对食品不仅有总的标准要求，而且对制作食品的过程也有细节性质量标准要求，包括指定什么应该出现在菜单上，用什么油炸薯条，等等，一切都是标准化的。所以，在这种模式中，食物的质量虽然是有基本保证的，但快餐缺乏选择，有时还不利于健康。米其林指南式的质保模式也有对食品的结果性标准要求，即确立了优秀餐饮的具体标准，但并没有食品制作过程中的比较细节性的质量标准要求，而由餐厅自己裁量。每家米其林都会以他们认为最好的方式来达到这种标准而并没有一些客观标准来判断，只有一些专业评委去评估。他们知道自己在找什么样的餐厅，也知道一家伟大的餐厅应该是什么样的，因此，每一家米其林餐厅都是独一无二的。这给高校的启示是：在当前教育领域强调标准化管理的大背景下，由于对高等教育质量保障往往是通过监测、评估、认证等来实现的，因此，高校一方面要通过确定相应的结果性质量标准来强化引导与管理，另一方面又应尽量减少过程性质量标准对质量主体的主动性、自主性的约束，以免窒息其活力。目前在许多高校实施的学习结果导向教育及其质量保障模式，便是突出结果性质量标准而适当弱化过程性质量标准，旨在实现教育质量的"增值"。而这种"增值"是以激发高校内在活力为前提的。

第三章 透视新时期高等教育质量提高策略问题

随着教育改革的不断深化和知识经济的发展，我国高等教育已进入大众化发展阶段，然而，影响高等教育质量的一系列因素也逐渐凸显出来。高等教育质量已经成为国家、社会、家庭、个人和高校十分关注的焦点问题。本章将简要分析影响高等教育质量的因素，从宏观层面、中观层面、微观层面出发，探究新时期提高高等教育质量的有效策略。

第一节 影响高等教育质量的因素分析

一、宏观因素分析

（一）社会经济

客观地说，一切社会活动都是为了更好地适应经济发展的需要，并根据生产力发展水平所拥有的物质条件而形成发展起来的。教育作为与人相关的活动，它是社会发展的重要组成部分，生产与发展都存在于经济活动中。它源源不断地为经济发展输送专业性人才，为了保持劳动力的再生产，就不能离开物质生产部门的支持。从这个层面上说，经济发展是高等教育发展的有效依靠并为其提供了可靠的物质保障。与此同时，经济发展深刻地影响着高等教育发展，促进或制约高等教育质量与水平。

（二）科学技术

科学发展状况对高等教育质量的影响是广泛的。例如，随着教学机制的变化，对学生注意力的注重程度也在发生着变化。要提高学校的教学效果，采用新颖方式吸引学生注意力、改进教学方法是必然的手段。科技带动了教学方式的现代化，目前，大多数课堂教学已改进并引用多媒体教学、仿真模拟教学、实验视频教学等诸多现代化教学方法，使得原本生硬的教学变得更有趣、更生动，更富有生命力。因此，管理心理学认为，意识是高度组织的特殊物质的功能，应尽可能地给受教育者输入多种刺激，如讲课中贴切的实例、真实的画面、幽默的语言、实事的分析，辅以参观、展览、讨论、示范演练等，使其"见多""博闻"，增强感性认识，以求达到"广识"与"强记"，提高教学质量。

（三）社会支持

社会支持可分成正式支持和非正式支持两部分。前者指来自公共部门的制度性支持；后者指由社会组织或个人提供的非制度性支持。大众化阶段下的高等教育质量观主张人人都能接受高等教育，人人都有公平的受教育的权利。而目前，贫困生的高等教育问题已成为高等教育发展中一个亟待解决的问题。为保障贫困学生接受高等教育的权利，政府与社会正努力共同支持和参与到帮扶贫困生的行动中。

同时，大众的高等教育需求推动高等教育的发展。随着经济中知识与科技含量的不断增加以及产业结构的调整，人的素质、学历等因素与就业机遇联系密切，这意味着是否接受高等教育将直接关系到失业率的起伏。这使人们意识到高等教育对于自身竞争力提高的重要作用。越来越多的人渴望得到受教育的机会，高等教育为满足大众需要，必然朝着多元化、大规模方向不断发展。

（四）教育制度与教育政策

制度出生产力，教育制度出教育力和学术力。高等教育管理体制与高等教育方式和效能、发展方向、发展前景等息息相关。高等教育管理体制不仅包括各级教育部门、行政部门对各种层面的高等教育的管理和监督的不同方式，而且还包括高等学校的自身管理体制，它是国家管理高等教育事业的根本，并且调节着高等学校的财务、教学、人事、科研、后勤等一系列管理活动，并最终影响着高等教育的教育水平以及质量。

高等教育政策是某一特定时期国家和地方政府为实现某一教育目标和任务而制定的关于高等教育事业的决策，包括高等教育体制政策、高等教育经费政策、高等教育质量政策、高等学校招生与就业政策等，从而对高等教育的发展方向、速度和质量起着宏观上的指导和调控作用。

（五）教育经费投入

经济基础决定上层建筑，高等教育的质量及发展与国家的财政性投入之间有着紧密的联系，财政投入对高等教育规模的扩张，高等教育的普及对提高我国国民文化水平有着重大的影响，同时对改进教学技术，提高高等教育质量等奠定了坚实的物质基础。

二、中观因素分析

（一）高校办学条件

高等教育质量的构成离不开外部环境的支持，其中校内环境是最重要的条件之一。根据高校内部环境的特性可以将其分为制度环境、文化环境和物质环境三个方面。其中物质环境是指培养人才的办学条件，包括学校的资金投入和硬件设施等；办学条件中的多媒体教室、电子网络资源、学校图书资料、实习训练条件、实验条件、学生活动条件和生活条件等七大具体方面对当今高校人才培养质量起到了不可或缺的作用。

（二）高校专业与学科建设

高校的基本特征是以专业和学科为建制的，无论是高校的人才培养，还是教学科研，都是按专业或学科类别分类的，同时也是以专业和学科进行组织管理的。因此，专业与学科是高校发展的核心，学科性是高校的重要属性。从一定程度上说，高校就是以专业和学科为基础的人才培养实体。专业与学科建设水平对于提高学术水准有着直接的影响，而学术水准又直接影响到高等教育的质量与水平。因此，作为知识组织形式的专业与学科水平，对提升高等教育质量具有基础性、全局性的影响。

（三）高校管理水平

高校内部管理者的管理能力体现出整个学校的管理水平。而学校的管理水平主要表现在，学校内部与人才培养质量直接或间接相关的管理内容的各个方面。高校管理是人才培育活动的重要组成部分，主要取决于制度环境来达到高校管理者所要求的育人目标。因此，度量高校管理水平高低的基准主要是看管理者能否在有限的资源条件下，最大限度地发挥"管理育人"的功能。

（四）高校质量评价与监督

质量评价与监督体系是高等教育质量保障体系的核心组成部分。这一体系应针对教育发展的具体情况并以多样化多元的教育质量观为纲领，通过制定不同层次、阶段的国家标准，形成以行业、中介评估等各专业的质量的核心认证，采用区域化、国家化与高校有机结合的全面、立体的评优监控网络。

国家应规定高等教育质量的最低合格标准，积极建立教育质量认证体系制度以便于有效监控高校的教育质量。各地区应实施并制定高等教育质量的各项达标细则，强化监控提高意识，构建具有区域化、本土化的特色高等教育质量保障体系；高校应不断完善校内部的教育质量监控体系，重视教育质量的输入、产出性评价。学生质量代表着最终结果，也显示着在完整的教育活动过程中各个不同的方面和环节。[①]

只有这些因素兼顾个体性和整体性实现良好配置，才能最终保证高等教育的最终整体质量。因此，各高校加强对教育过程和结果的监控、完善学校内部教育质量监控体系的方针刻不容缓。教育质量评估监控体制的主体正逐步由政府向社会进行过渡，高校教育与社会需求的符合程度是评估高等教育质量水平及有效性的基本标准。高校内外部质量监控与评价体系的建设与完善，对提高高等教育质量意义重大。

三、微观因素分析

（一）教师专业素养

影响高等教育质量的关键。首先，师资数量是确保人才培养质量的基本

---

① 陈彬，欧金荣. 高校扩招呼唤建立新型教育质量监控体系 [J]. 教育发展研究，2001（7）：36.

条件。只有具备适当数量的合格教师，教育教学活动才能有效开展，教育质量才能得到保证。瑞士著名教育心理学家皮亚杰（Jean Piaget）指出："有关教育与教学的问题中，没有一个问题不是与师资培养问题有联系的。如果得不到足够数量合格的教师，任何最使人钦佩的改革也势必要在实践中失败。"①可见，保持适当的合格教师数量是保证人才培养质量的先决条件。

其次，师资质量主要是从职业道德水平、科研能力和教学能力三方面来体现的。教师通过教学和其他培育途径，将自己的道德素养、学识和能力作用于受教育者，是影响人才培养质量的直接因素。除此之外，教师还是高校学术科研工作的重要承担者，教师本身的素养是高校科研成就和学术名望的源泉。在高等院校教师规模既定的条件下，高校教育质量决定于教师队伍的整体质量，而非数量。师资队伍作为高校的第一要素，是学科建设的依托，更是提升学术水平和保障人才培养质量的必要条件。

（二）学生学习素质

影响高等教育质量的能动因素。首先是生源质量。学生是能动的接受教育的主体。学生自身的现有素质、主观努力程度和发展潜力，决定了高等教育人才培养质量可能达到的水平。学生自身的素质是高等教育人才培养质量的基础。生源质量在教育的"入口"处一定程度上制约着教育教学效果。

其次是学习性投入。学习性投入是在一定学习动机支配下的学习努力程度和行为表现，是学生学习主观能动性的集中体现。人才培养质量最终表现在学生个体的发展水平上，它是学生主体作用和教师主导作用共同发挥的结果。建构主义学习理论也认为，学习不是教师主动的、单向的传输，不是学生顺从地被动接受，而是学生主动的、积极的、有明确意图的建构过程。

在此过程当中，教师是学习促进者、组织者和指引者，学生则是知识的主动建构者。学习者在现有的经验基础上，通过与外部世界的互动建构新的理解；教师是学生学习的外部条件，须通过学生内在学习潜能的激发起作用。学生学习的动力、动机、目标等投入因素的发挥程度是获取预期学习效果的关键。

---

① ［瑞士］皮亚杰. 教育科学与儿童心理学［M］. 傅统先，译. 武汉：长江少年儿童出版社，2014：109.

(三) 师生互动关系

生师关系及互动情况对提高高等教育质量有着重要的意义。大学之所在存在，就"在于其在'富有想象'地探讨学问中把年轻人和老一辈人联合起来，由积极的想象所产生的激动气氛转化知识"[①]。"学生参与理论"强调学生在高校各项活动中的重要性，认为学生的参与有助于其能力的提高，同时也是衡量高校教育质量的标准。如果学生和教师之间有"隔阂"，学生和教师之间"互不动"，这样的教育应该说不成其为教育，至少是不成功的教育。因此，从根本上，有效的师生互动将促进高等教育质量的提高。

第二节 宏观层面提高高等教育质量

一、依法治教，简化行政审批流程

我国已先后出台了《教育法》《教师法》《高等教育法》等，使教育有了明确的法律依据，不仅确保了公民受教育的权利，而且赋予学校更大的办学自主权。但随着教育投资多元化、民办高校蓬勃兴起、国外高校踊跃参与等形势的发展，目前的法律法规仍显发育不全，尤其是加入 WTO 后，依法治教的呼声会越来越大。因此，制定更多具体的法律法规，规范教育市场、教育质量、学位文凭、合作办学等，是一个十分迫切的问题。比如，尽快修订和完善《学位法》就十分必要。

由于我国经济体制已由计划经济转为市场经济，各种办学方式纷繁涌现，同时高校规模也较过去扩大，因此，继续由政府统一印制高校学位和文凭证书的做法已不太合时宜，应该通过法律规定起码的质量标准、运作程序、权利义务，在此前提下由各高校自我印制、管理和颁发学位和文凭，出市场需求决定其学位和文凭的含金量。目前研究生教育质量滑坡与学位和文凭管理权过于集中有一定关系。既然有国家作质量和信誉上的保证，某些高校的自

---

① ［美］约翰·S. 布鲁贝克. 高等教育哲学［M］. 王承绪，译. 杭州：浙江教育出版社，2002：14.

身质量和责任意识就比较淡薄。这正是个别高校滥发学位文凭的思想根源。

另一个需要解决的问题是减少行政审批。审批程序过于烦琐，已开始阻碍高教事业的发展。审批手续繁杂是高教法制不健全的产物。由于缺少法律上的约束，行政管理就不免产生过多环节。高教管理在某种意义上类似儿童教育，不能不管，但管得太多，对儿童成长反而不利。管得太多、手续烦琐，在一定程度上束缚了高校领导的主观能动性、创造活力和发展个性。

《高等教育法》出台后，一些大学依法对校部机关管理机构进行了重新调整，校办、党办、宣传部、校报编辑部、档案室、外事办；组织部、党校、统战部、人事处、老干部办公室等实行合署办公。不仅精简了机构，提高了工作效率，而且使党务工作、行政工作实现了有机整合。如果没有《高等教育法》做指导，就难以想象和理解这样的改革方案。

二、建立新型现代化高校制度

虽然不同国家在办学体制、内部管理机制等方面还存在差异，但大学的本质使不同国家的大学制度仍会显示出一些共性，这些共性较为集中地反映在现代世界一流大学的制度中。我们要创建世界一流大学，必须在合理借鉴世界一流大学制度的基础上不断创新。大学制度创新包括三个层面，即观念创新、制度创新、实践创新。观念创新是指思想意识层面的更新；实践创新主要指技术、物质层面的革新；制度创新则是观念创新与实践创新的中介，没有制度创新，新观念只能停留在理想阶段，新实践也只能是盲目行为。

就三者关系而言。观念创新是先导，制度创新是根本，实践创新是支撑。制度创新是牵一带万的，"制度是发展由可能到现实的中介"①。西方发达国家建设一流大学的经验表明，有了先进的大学理念，再辅以一定的物质条件和技术手段，大学制度创新的可能性就会越大，大学发展的效果也就越明显。"威斯康星思想"的兴起，"硅谷"的形成就是很好的例证。

对照世界一流大学建设的经验，反观我国大学发展的现实，当前中国高水平大学的制度创新，需要从以下方面着手。

第一，创新校长选拔制度，为大学发展提供有效保障。校长是大学的核心与灵魂，其办学理念直接关系到学校的发展目标定位，因而创新校长选拔制度，促使校长角色的准确定位是大学高效发展的重要保障。我国大学校长

---

① 鲁鹏. 制度与发展关系研究［M］. 北京：人民出版社，2002：14.

的角色定位主要应体现在以下几个方面：合乎国情，做政治方向的把握者；与时俱进，做改革创新的开拓者；突出大学特色，做学术管理的主持者；以追求发展为宗旨，做大学持续发展的推动者；以实现和谐为目标，做大学和谐体系的构建者。

第二，创新教师评聘制度，为大师汇聚创造良好环境。"大学的声誉不在于它的校舍和人数，而在于它一代一代教师的质量。一所学校要站得住，教师一定要出色。"① 哈佛之所以大师辈出，归根到底在于其良好的人才聘用与评价机制。借鉴哈佛大学的经验，我们在创新教师评聘制度上，首先要实行评聘分开，以促进教师自身的发展。其次是实行公开招聘制度，以学术水平衡量教师的岗位胜任能力。尽量少留或不留本校学生，以避免"近亲繁殖"、学术队伍活力衰退。再次是建立"非升即走"的流动制度，激励教师学术上进。

第三，创新大学组织制度，为学科发展提供有利条件。伯顿·克拉克（Burton R. Clark）曾说："当我们把目光投向高等教育的'生产车间'时，我们所看到的是一群群研究一门门知识的专业学者。这种一门门的知识称作'学科'，而组织正是围绕这些学科确立起来的。"② 按照伯顿·克拉克的观点，大学组织制度可以归类为直接与知识发生关系和间接与知识发生关系的两类因素共同组成。在这种组织制度中，学科和事业单位成员的资格是教师卷入大学组织的动因，因而要促进学科的发展，必须创新大学组织制度，它是教学和科研工作赖以进行的共同基础。良好的大学组织制度应当既有利于学科顺应科学发展的新趋势，又有利于人力资源的调配和教学科研活动的展开。

第四，创新大学管理制度，为学术繁荣构筑坚实平台。大学是一个复杂的管理体系，制度是保证大学机体高效运行的基础。而学术自由、教授治校是大学学术发展的价值基础，因而一切管理活动都应当以此为重要考量准则。针对我国大学管理越来越趋于行政化、职业化，行政权力与学术权力的冲突也愈演愈烈，行政权力越来越膨胀，学术权力越来越萎缩的情况，只有通过管理制度创新，确立大学机体内各种组织的权限范围、职能、责任及利益，将大学办学理念转化为具有治校法规效力的管理制度，才能使学术权力得到

---

① 余风盛，董泽芳. 高等教育 60 年回顾与展望［M］. 武汉：华中师范大学出版社，2010：343.

② ［美］伯顿·克拉克. 高等教育系统——学术组织的跨国研究［M］. 王承绪，译. 杭州：杭州大学出版社，1994：34.

根本保障，学术交流才会不断繁荣，大学才会经久不息地发展。

第五，创新人才培养制度，为学生成长铺设平坦道路。我们提出建设创新型国家，核心是创新人才的培养。而要培养创新型人才，就必须改变传统的重继承、轻创新的人才培养制度。人才培养制度包括培养目标、考试制度、教学制度、管理制度、服务制度等方面。实现人才培养制度创新，要以培养学生创新精神为目标，改革教学制度，积极推行学分制，建立教育教学的个性化模式；改革教学方法，面向社会实际，重视综合实践训练，培养学生系统思考能力和创新能力；改革课程设置，重视通识教育，强调学科交叉，最大限度地激发学生的创新欲望、发挥学生创新潜能、锻炼学生创新能力。

第三节 中观层面提高高等教育质量

一、更新高等教育观念

时至今日，我国已成为一个高等教育大国，当然还不是高等教育强国。实现从高等教育大国向高等教育强国的转变，首先是教育理念的转变。改革开放三十多年来，我国高等教育理念发生了深刻变化，但任务依然艰巨。中国高等教育改革必须以进一步更新教育理念为先导。没有深刻的理念变革，便没有真正的教育教学改革。高等教育理念转变是一个持续更新的过程，既需要合理借鉴国外先进的新理念，也需要以科学发展观为指导。

（一）遵循全人教育理念

提高民族素质，促进人的全面发展是我国全面实现小康社会的根本目标之一。教育作为促进人的全面发展的主要途径，需要以人为本，培养全面发展、具有独立意识和独立人格的人。这一目标与全人教育的理念在本质上是一致的：全人教育作为一种实现人的全面发展的手段，"其基本任务是传授知识，培养智能，陶冶身心，促进学生德智体全面发展，即使以研究高深学问为自豪的高等教育也不例外，它不仅应当使人的诸方面达到更高的境界，而且应当更好地融德智体诸育于一体，从根本上担当起提高高级人才综合素质的重任"①。

全人教育的目标是造就健全的人和健全的社会，而人生的教育和人性的教育相互交融，不可分割。因此，教育的作用绝不仅仅只是对学生进行有效的训练与培养，使他们获得系统的文化科学知识、专业知识和技能，其根本目的是使一个人在体力、智力、情绪、伦理等方面全面发展，成为一个完善的人，使他拥有健康的体魄、良好的心态、强烈的社会责任感和不断学习进取的动力和方法。为所有接受高等教育的学生提供"全人教育"，培养学生在社会中所需要的广博的知识、基本的能力，并和高校其他部门一起努力营造一个学术自由、人文和谐的校园氛围，以利于学生成长、学术繁荣、艺术鉴赏等，促进高校的道德规范、道德教育、生活教育和人格教育和谐发展。

（二）形成良性竞争观念

竞争是市场经济的一个重要特征，社会主义市场经济下，为了提高高等教育的办学质量和投资效益，必须适当引入市场机制，促进高校之间的合理竞争。高等教育内部的竞争有多种竞争形式，高等学校之间的竞争是最主要的，也是一种特殊的竞争形式，主要体现在师资力量、学校规模、学生的成绩、毕业生的就业率、校友的能力大小、毕业生的财富等。

为了促进高校之间的有序竞争，政府的选择应是制定竞争规则，改变传统的管理模式，引入市场机制，加大高校的自主权，以提高高等教育的效率，充分发挥高等教育在社会发展中的作用。市场机制是指价格制度和竞争机制。高等院校的自主权主要涉及高校的一些内部活动及一些必要的外部交往活动，包括教学、科研、人事、财务、基建、招生、对外交流等方面的自主权。

（三）加强统筹合作观念

进入21世纪，国际高等教育与产业界与整个世界生活的关系越来越密切，主要在于高等教育在社会和经济发展中的作用和地位越来越重要，高等教育已从社会的边缘走向社会大舞台的中心，因而高等教育改革要统筹兼顾，促使高校积极融入社会，与社会各个领域建立起广泛的合作关系。

在高校与政府的协作方面，二者各有所长，也各有所短，两者之间可以实现优势互补和合作双赢，政府可以通过政策支持和经费投入推进高校的发

---

① 王国席. 人文科学概论 [M]. 合肥：合肥工业大学出版社，2007：248.

展，而高校则可以通过服务实现二者的双赢。在高校与社会的协作方面，高校需要通过提高服务质量，吸纳社会资源，赢得社会支持；在高校与高校的协作方面，高校要有开放办学的理念，广泛进行国内国际校际交流，积极开展领导、教师、学生不同层次之间的交流，相互学习管理思想、教学方法。

二、规范高等教育质量评价

高等教育质量是指高等教育满足教育需求主体现实或潜在需求的程度。教育需求主体对高等教育质量的评价取决于其对教育服务质量的预期与体验的对比。教育质量评价体系反映着一定的质量要求和目标，导引着教育需求主体对教育质量的预期方向和教育主体的追求目标。建立客观、科学、合理，并具创造性的教育质量评价体系，为创造良好的质量环境指明了方向。

（一）明确高等教育质量评价指标

教育部关于普通高等学校本科教学工作水平评估指标体系包括一级指标 7 个，二级指标 19 项。比如 7 个一级指标：学校的办学指导思想、师资队伍、教学条件与利用、专业建设与教学改革、教学管理、学风、教学效果，全面反映了本科教学规律，具体体现了教育部对办好本科教育的整体要求，也为我们切实开展工作指明了方向。作为各学校，理解、吃透各个指标的内涵，根据学校的实际情况，建设性、创造性地将各项工作落到实处，并将其作为一项长期性、过程性的工作延续，在以评促建、以评促改的过程中，自觉形成一种教育、教学、管理的良好的习惯性行为，保证学校教育质量大环境的重心。

（二）合理开展教师评价

对教师的考核评价关系着教师的成长和发展，也直接影响着教学质量考核评价能否发挥其正向促进作用。评估教师主要从两方面进行：

第一，课堂教学质量评价。评价内容上，既强调教师教学工作的全面性，也注重共性和个性的结合，根据各课程特点，课堂组织形式（应重在教学效果，而不流于呆板的形式要求）、教师的个性及创造性及教学情境的变化，实施差异评价和动态评价。评价方法上，采取定量与定性相结合，加强评价过程中人的回归，本着"以人为本"的评价理念和"人的发展"的思想，把过去一些认为难于操作而对评价影响很大的"人"的因素（教师的人格影响力、教师间的团结协作、教师的实践智慧和教学机智对学生的教学影响等）纳入评价指标中，使教学评价更为全面，也有利于发挥教师的主体性和获得自我实现的价值。评价功能上，不只是看评价的结果，看教师的"评分"或"排序"，并以此作为教师晋职和评优评奖、优劳优酬的依据，而更要重视形成性评价，突出教学评价的诊断和改进功能，注重教师的自身的发展和教学水平的提高，同时也需重视评价结果的有效性分析。

第二，教师个人绩效考核评价。个人绩效考核包括教师的德、勤、能、绩等方面，考核过程中，问题的焦点主要在于教师教学的质与量尺度把握，教学成果与科研成果的比重权衡。学校应根据学校的定位来考虑教师的定位，教学是学校永恒的中心，对教师教学既要有量的标准，也要有质的要求；作为以教学为主的普通大学，应突出教学重心，切忌重科研轻教学，以导致教师对教学质量认识的偏差，形成不良的教学质量环境。

（三）合理开展学生评价

整齐划一的培养目标，不利于学生的情感与个性、创造性的发展。在学校培养目标的指导下，要重视学生的个性、创造性的发展，而且要用发展的眼光认识学生。要避免那种"教学质量＝教学结果质量＝学生认知水平"的误导。从教育的四大支柱来看，要培养具有"学会认知、学会做事、学会共同生活、学会生存"的学生。不仅要重视学校内部对学生认知水平的评价，也要注重用人单位和社会对学生综合素质的评价，从而制定有利于学生个人和学校共同发展的学生考核方案，培养特色学生。

三、优化高等教育结构

根据国际高等教育发展的经验，高等教育结构应该随着社会经济结构的变化不断调整并使之优化。在社会主义现代化的进程中，我国的社会经济结构也日趋复杂，这就需要我们从以下方面着手来调整和优化高等教育结构。

（一）优化高等教育层次结构

随着知识经济的到来与高新技术的发展，我国的产业结构必然发生相应的变化。这种变化的总趋势是第一产业的比重逐渐缩小，但生产中的科技含量在不断提高，第三产业的比重逐渐增加，尤其是以信息技术产业为代表的高技术产业和以信息咨询为代表的智业服务业迅速发展，其在产业结构中的比重将大大增加。这种产业结构的变化对我国的高等教育在层次结构上的要求是：既要大力发展专科层次的地方性高校与社区性学院，着力培养数以千万计的适应现代工农业生产要求的技能型人才；又要高度重视研究生教育和建设一批国际一流的大学，精心培养大批能迎接信息化社会挑战的拔尖人才。

（二）优化高等教育类型结构

随着科技的进步和国民经济需要的变化，新的学科与专业也不断涌现，这就需要不断调整高等教育的类型结构。这种调整应突出学科专业的特色建设，着力培养视野开阔的经营管理人才、勇于创新的高新技术人才和善于操作的专业应用人才，克服前一阶段盲目攀高升格和热衷向综合性大学看齐的倾向。为此，从国家层面来讲要严格控制专门性的院校合并、升格；从高校自身来讲要立足内涵发展，在所属的专业领域内找准特色、办出特色；从学科专业来讲，有条件的高校应加快发展一批高新技术学科和新兴学科，一般院校则应主动适应人才市场结构的变化，加快发展一些适用性强的专业，以满足社会经济发展对人才的需求。

（三）优化高等教育形式结构

为了顺应终身教育的潮流，以及高等教育大众化与个人学习终身化的大趋势，必须大力调整高等教育的形式结构，尽快形成普通高教、职业高教与成人高教、学历教育与非学历教育、全日制教育与业余教育、学校教育与社会教育相互补充，公办与民办结合，形式多样的终身教育体系。诚然，这一体系具有办学的多主体、机构的多层次、投资的多渠道、培养的多目标、课程的多类型、评价的多标准与管理的多模式等典型特征。

构建这一体系的主要措施是：在内涵挖潜与确保质量的前提下，扩大普通高校的招生规模；按照服务区域、突出特色、强调"应用"的思路，发展高等职业教育；坚持"调整政策、依法保障"和"积极鼓励、大力支持、正确引导、加强管理"的方针，扶持民办高等教育；充分利用各种社会资源和现代化教育技术、兴办开放型大学和网络学院，发展各种类型的业余高等教育。

（四）优化高等教育布局结构

实现高等教育公平是构建社会主义和谐社会的迫切要求，而高等教育公平的核心问题是入学机会公平。我国现有的高等教育布局结构，因受经济发展极不平衡和地域等因素的影响显得极不均衡。就我国目前的高校布局看，普通高校，特别是部属重点高校主要集中在京、沪等大城市，而一些人口大省（如河南）或经济不发达省区（如新疆、西藏）不仅部属高校少，一般本科院校也不多。

同时由于我国实行的是统一高考和按属地进行划线录取的招生制度，使得我国不同区域之间的高等教育入学机会存在严重的不均等。为了实现地区间高等教育的均衡发展，促进高等教育公平，迫切需要以科学发展观为指导，统筹区域之间的高等教育布局结构调整。具体而言，就是要加大政府的宏观调控与对经济、高教相对落后地区的政策扶持力度，优化高等教育的资源配置，鼓励发达地区、中心城市的高校以多种形式支援落后地区、非中心城市的高校，逐渐缩小不同区域之间高校的差距。

第四节 微观层面提高高等教育质量

一、提高高校教师质量水平

（一）正确认识高校教师质量的重要性

科学地把握高校教师质量的内涵，是提高教师质量、促进高等教育发展的内在依据。教师质量，最终表现为教师人才培养质量，其核心是教师人才质量。而且这种人才应该着眼于"教师"，应符合从事教育教学工作、履行教育教学职责的基本要求，并能够适应现代化背景下教育改革与发展的需要。

教师质量直接决定着高校人才培养的质量。关注高校教师质量，既是当前教育改革与发展所提出的必然要求，也是提高高等教育质量的重要举措。高校教师作为高等教育的一个重要组成部分，必须关注其质量问题。关注高校教师质量，也是教师教育体制改革对高校提出的挑战所带来的反应，同时，也是教师专业化发展带来的必然结果。伴随着教育的普及化、教育理论与教育实践的丰富与发展，教师职业逐渐成为一种专门的职业，并在逐步强化其专业化特征。高质量的教师队伍是教师专业发展的根本途径之一。

（二）高校教师质量的达成要求

《国家中长期教育改革与发展规划纲要（2010—2020年）》中强调指出："教育大计，教师为本。"[①] 高校教师质量不仅对教学质量、科研成果以及社会服务产生影响；而且高校教学质量的提高是整个高等教育质量提高的一个重要保证。因而，我们必须对高校教师质量重视起来，为提高高等教育质量，高校教师必须兼顾专业者、研究者、终身学习者和服务者的身份。

1. 高校教师须是专业者

"教师是履行教育教学职责的专业人员。"[②] 实现教师专业化是国际教育的趋势，1996年，联合国教科文组织召开的第45届国际教育大会上对教师专业化达成了一致认识，提出在提高教师地位的整体政策中，专业化是最有前途的中长期策略。教师专业化是指教师在整个职业生涯中，通过专门训练和终身学习，逐步习得教育专业知识与技能并在教育专业实践中不断提高自身的从教素质，从而成为一名合格的专业教育工作者的过程。其具体表现在专业情感、专业知识、专业技能和专业自主等四个维度。

2. 高校教师须是研究者

高校教师应当具备相应职务的科学研究能力。高等教育的任务是培养具有创新精神和实践能力的高级专门人才，因而高校教师必须具备培养高级专门人才的科学研究能力。高校教师应该具有强烈的研究意识，能够合理地掌握并运用科研方法进行研究，并能进行研究性教学的实践与反思，明确突出创造性思维的训练与能力的建构，必须有显性的研究成果且这种成果侧重于理论创新和实践运用。

3. 高校教师须是终身学习者

终身学习是指社会每个成员为适应社会发展和实现个体发展的需要，贯穿于人的一生的，持续的学习过程。即我们常说的"活到老学到老"。终身学习的

---

① 顾明远. 中国教育大系 21 世纪初中国教育［M］. 武汉：湖北教育出版社，2015：379.

② 马雷军，刘晓巍. 教师法治教育［M］. 北京：中国民主法制出版社，2017：84.

理念是随着"终身教育"这一术语的提出而盛行。它要求在终身教育理念的指导下，我们应该终身学习。高校教师必须不断强化自身学习，树立终身学习观念。教师应该成为终身学习的楷模。教师强则学生强，教师强则教育强，教师强则民族强。总之，教师必须建立起动态的知识库和科学的知识结构，随时补充、更新、调整自己头脑中的知识体系，使自己的思想、观念和知识跟上社会和科学发展的需要。终身学习应该成为现代教师的职业素养和习惯。

4. 高校教师须是服务者

高校教师的服务是指高校教师通过提供教育服务，包括专业培养和辅助指导等，把教育消费者——学生，培养成为高级专门人才的过程。服务社会是高校的一项基本职能，为了适应时代的需要，满足学生的需求，提高高校的教育质量，高校教师必须有服务学生的意识和行为。新形势下树立高校教师服务观是教育规律的内在要求，是教师职业道德的需要，是确保高等教育质量的关键。

（三）高校教师质量的提升策略

1. 合理的招聘与晋升，把握高校教师的选拔路径

首先，在新教师的招聘与晋升过程中，成立一个专门组织，由学校教授组成，专门负责对来应聘的教师进行全面考察的组织，并且保证每位入选教授的学术水准与公平度，保证招聘与晋升过程的透明度。在招聘与晋升过程中还应该注意各学科学术标准的差异性，应该由各学科内的权威专家及学者来制定相关标准，其他教授学者可参与评价监督，保证评价标准的公正与准确。争取在招聘与晋升的程序上确保教师质量。

其次，由于多年来中国高校存在"本科—硕士—博士—留校"的教师培养模式，这种模式培养出来的教师的知识结构、学术风格师承一统，从而教师质量也无法得到提高。因此，要想遏制高校的这种"近亲繁殖"模式，打破"招生唯亲"的旧时代的思想观念；高校要从培养人才的观念出发，招天下英才而教之。

最后，在如今人才流动普遍盛行的时代，高校也将不再是"象牙塔"，高校教师也不可避免地受到人才流动的影响。为了高校教师获得健康的活力和持续的发展，高校必须建立良性的人才流动制度，在制度和实践上给予支持。

2. 充分的培训与学习，抓紧高校教师的终身发展

高校教师培训，这里指职后教育，它关乎整个高等教育的质量与品质。

教师的终身学习、终身研修，已经成为教师职业的主要特征。因此，首先了解高校学生的需求和教师的不足。通过听课，在调研的基础上，准确地了解高校教师的现状，摸清每位教师的教学水平、教学能力的底细，根据时代和学生的实际情况进行有针对性、实效性的培训。其次，还要通过座谈，详细的关注高校教师不可忽视的需求。

3. 适当的探索与研究，重视高校教师的存在意义

重视高校教师质量的研究是重视高校教师质量的最高表现。因为只有研究才能为提高教师质量提供智慧保障，才能使高等教育质量提高成为可能。我们可以成立高校教师质量研究委员会、高校教师教育发展研究中心等机构，通过关注高校教师的学识、教学方式、信仰与学生的成绩之间的关系，采用多角度全方位的研究，对高校教师质量进行理论、政策、实践等方面的研究，进而为提高高等教育质量打下基础。

二、培养学生自主学习素质

大学生自主学习是指大学生在教育者的指导下，从自身需要出发，自我制定学习目标、学习计划，根据个人兴趣及专业选定学习内容及学习方法，并灵活掌控学习进度和时间，从而完成学习任务的主动学习过程。

（一）开展自主学习的必要性

1. 自主学习适应高等教育的客观要求

与中小学阶段相比，高等教育为学生提供了深奥的知识、广博的领域、自主的时间和多样化的选择，这就需要学生具有高度的自主性和独立性，自己规划自己的大学生活及未来的职业道路。应彻底摆脱中小学时期的依赖心理，完成"要我学"到"我要学"的心理转变。高等教育注重探究高深学问、培养创新能力。

高校教学只能起到引导促进作用，而起关键作用的还是学生的自觉、兴趣和自主学习能力。此外，大学对学生的管理相对较为宽松，使大学生的学习具有更强的自主性和选择性。大学四年非常短暂，大学生不仅要在学习内容上知道该学什么，学会"加法"，而且要知道不学什么，学会"减负"，即在自主学习过程中要有目标性和选择性的学习，否则，学习将陷于盲目。

2. 自主学习是实现个体发展的根本动力

学生学习的有效性很大程度上取决于学习的自主程度。学生的自主程度分三种水平：一是填鸭式的死记硬背，这是最低水平，效果最差。二是自觉适应水平，学生接受并理解教育者提出的学习内容和任务，从而以积极的态度投入学习活动当中，在学习过程中完成任务并发挥自己的潜力。大部分学生的学习属于此类。三是主动创造水平，学生的态度不仅是自觉的，而且是积极主动的，为实现学习目标，主动学习和创造性学习，批评性思考问题，敢于怀疑权威，绝不人云亦云，采取各种措施使自己的学习效果达到最优化。

（二）实行自主学习的教育理念

教学模式是在一定的教育思想或理论指导下，为完成一定的教学任务、实现一定的教学目标，而形成的具有稳定性和系统性的教学活动的过程或教学活动的安排。它是一个由多种教学因素构成的综合体。大学生自主学习的教学模式应符合以下基本理念。

1. 树立"以学生为中心"的教育理念

"以学生为中心"的教育理念表明学生是教学活动的主体，这有几个方面的含义：一是高校的一切工作都是让学生掌握知识，提高创新意识，发展创造力；二是要正确认识学生，尊重学生的主体地位，关注学生的个性与差异，因材施教；三是要平衡学生全面发展与专业发展的关系，并贯穿到学校教育教学活动的各个方面，既要教书又要育人，既要培养通才和全才，又要培养专才、偏才和怪才。

2. 赋予大学生更多的自主学习权利

在传统教育思想影响下，教师在教学中一直处于主体地位，学生常常处于被动地位，"听话、服从、统一"扼杀了学生的自主学习权利，因此树立"以学生为中心"的教育理念，赋予学生更多的自主学习权利就成为当今教育改革的必然要求。学生的这种自主学习权利主要包括：自主确定学习目标、自主确定学习内容、自主选择学习方法、独立进行思考的权利、参与课题研究的权利、享受学习自由的权利等。

3. 留给学生充足的自主学习时间

学习是一个长期过程，需要充足的时间作保证，没有充足时间，学习效果就无法得以保证，创新意识和创造能力的发挥更无从谈起。目前，许多高校剥夺了学生的课余时间，学生跟着教师天天应付作业和考试，学生的自主学习时间难以得到保证。为了确立学生的主体地位和实现学生自主学习，可以确立"四个1/4"课堂教学模式，即在课堂教学时间分配方面：1/4教师讲解；1/4课堂答疑；1/4学生互动讨论；1/4学生自学。

必要时也可灵活使用包括案例式、学生参与授课等在内的多种教学方法，在具体上课时间方面可以根据课堂内容适当调整相应各时段的比例，使教学更加富有灵活性，这样学生参与课堂讨论、师生互动答疑、学生自主学习的时间就会得到保障，不仅活跃了课堂气氛，学生的主体地位也体现了出来，学生不再是知识的被动接受者，而成为主动的知识创新者，学习的参与度与积极性也将随之提高，学生真正成为学习的主人。

4. 尊重个性差异，发掘特长，容忍偏科

鼓励学生去做前人没有想过和做过的事情，要勇于尝试，大胆创新，没有创新，就不会成为杰出人才。尊重学生个性，首先要承认教师也可以有个性，对学校层面来讲，需要提倡一种思想自由、言论自由的风气，包容甚至鼓励教师个性的发挥。破除传统的思想偏见，对一些"偏才""怪才"，应充分尊重其个性差异，发掘他们在某些方面的潜力和特长，使其成为某方面的专才或高手，这才是教育的最终任务和目标。

（三）培养学生自主学习能力的方式

以"教学"为手段，以"引导"为目的，教师在引导学生自主学习方面可以采取如下方法。

1. 通过QQ群等方式在线互动答疑，使课堂时间向课外延伸

课堂时间相对比较有限，一门课在一学期的课堂教学时间一般安排在30—60课时之间，多者也不过80课时左右，如果课余时间能有效利用，课外时间则相对充裕许多，把课内教学向课外延伸，则足以保证学生有充足时间进行自主学习，为此，可以基于每门课程建立QQ班级或微信群，老师可随时在群里发布作业、提问，也可由学生提问由授课教师答疑解惑，或者由班级同学相互讨论发表意见，这样更加丰富了学生学习渠道，拉近了师生之间的心理距离，师生之间的关系由之前的上下级关系变为平等关系。

2. 学生自拟题目提交课程论文或课程设计，并将其作为成绩考核重要依据

由学生自拟题目提交课程论文或完成课程设计，把学习的选择权和主动权交给学生，由学生结合自身特长及爱好完成课程自主学习，体现了因材施

教、有教无类的教学原则，这种因材施教，充分尊重了学生的个体差异，而不是千篇一律、千人一面，这样学生在学习过程中就能达到"同学一门课，收获各不同"的教学效果。

3. 学生学习过程柔性化，以自我管理为主，期末考核刚性化，教师严格把关

把学习时间安排和主动权交给学生，由学生自己决定每门课的学习计划，以学生的自我管理为主要特征，一方面可以锻炼学生自我管理和自学能力，另一方面使学生的积极性、主动性得以发挥，体现学生在学习过程中的主体地位，教师在学生学习过程中不要越位进行过多干预，但要进行必要监督，在课程期末考核时严格要求，把压力传导给学生，转换为学生日常的学习动力，如果把学生比作"球员"的话，教师则是场上的"裁判"。

三、构建和谐健康的师生关系

教育质量是高等学校的生命线。没有质量的高等学校必然被淘汰。良好的师生关系是保证教育质量的前提。没有和谐的师生关系就没有和谐的教育，就无法培养和谐发展的学生，也就不存在高质量的教育。因而构建和谐的师生关系迫在眉睫。

（一）教师要争取学生的尊重和欣赏

冷漠甚至对立的师生关系必然导致教学气氛沉闷，教学双方的积极性都会因此受到影响，教学效果也必然大打折扣。导致关系紧张的原因是双方的，甚至是多方的，但作为教学活动的主导，教师有责任主动去改善师生关系。

首先，提高个人专业素质和科研能力。学生最关心教师的学术前沿知识和潜力，所以大学教师要不断提高专业素养和科研能力，根据科学的最新发展，对各门课程特别是基础课程的教学内容进行必要的筛选、补充、更新和重组，使其既能反映该学科领域最基本、最核心的知识，又能反映该学科最新的进展和动态，同时又具有符合学生认知发展规律的逻辑结构。

必须着力改革现行的教学方法。教学方法改革实际上涉及两个问题：一是教师如何教的问题；二是学生如何学的问题。必须在这两个问题上有所突破。要抓住各个教学环节，启发学生的创新意识和培养学生的创新能力。创造性人才的培养是一个系统工程，它要求我们在教学的各个环节上都必须注

意加强对学生的创新意识的激发和创新能力的培养。只有教师具备良好的科研能力和专业素质，才能更好地安排课程，也才能受到学生的爱戴和尊重，并愿意师从于他们。

其次，大学教师必须完成教书育人使命。教书育人是教师的天职。大学教师必须在传授知识过程中使学生接受教育和熏陶，具体表现应该是教师在课堂教学中不能无视学生的无纪律、无心向学，必须起到教育和引导之作用，引导学生向社会需要、学生个人成长需要的方向发展。当然，教师在实际教学过程中，教学风格是个人化的，但这种个人化不能违背教书育人的宗旨。

最后，大学教师要善于学习，他们的知识必然随着时代的变迁而老化，大学教师必须与时俱进，他们要学习新知识，学习新的教学手段，要不断改善教学方式，通过自己对学生的教育以及与学生的交流中使学生接受知识，提高能力。另外，培养个人魅力才能获得学生的喜爱。教师的人格魅力对调动学生学习的积极性往往事半功倍。

总之，大学教师要改变教学理念，逐步完成教学过程从操纵到表演再到交往的过渡，改变学生的从属地位，完成师生在交往中相互影响、相互作用、相互交流、相互理解，不断重构原有的知识结构和认知水平，使师生双方获得共同的发展，达到"视界融合"，这样才能获得学生的欣赏，创造良好的教学氛围。

（二）教师要转变管理学生的观念与方式

首先，大学的学生管理必须改变以往的方式，要让每一个学生都有与老师近距离接触的机会。随着高等学校的大扩招，高等学校的教师和学生互相之间的交往越来越少，只有少部分学生能得到老师的关心，师生之间的主动交往越来越少，而交往中以求学为目的的学生也在减少。而教师就更不愿主动与学生交往，抱着多一事不如少一事的心态。学生管理工作虽然历来受到学校的重视，但也仅存于管制层面上，学生思想政治教育工作还不够完善，学生得不到学校和教师更多的关爱。许多高等学校实行导师制取得明显成效，应提倡采取导师制度，如果师资不允许就应在低年级实行导师制，指引学生增强自我教育能力和培养学生的素质，让大学给予学生更多的关爱。

其次，加强学风建设。要建设良好的学风，首要的是加强学习目的教育和学习过程管理，培养学生自我管理、自我教育、自我体验、自我约束的意识和能力。帮助他们摆脱社会不良风气的影响，并且培养学生研究批判和反省的精神，以期学会有自动求智和不断研究的能力。

最后，提高学生的人文素养、培养合作精神。师生关系的异化现象与近年的学生道德滑坡有关。现代大学生大多不会尊重老师，他们很少用欣赏的眼神看待老师，而是用挑剔的眼神看待老师，甚至藐视、仇视老师。学校必须通过各种手段提高学生人文素养，培养学生尊重他人尤其是老师的优良品质和合作精神（教学实质上就是师生合作的过程，任何一方都不能唱独角戏）。

（三）学校要提升内部协调与管理的水平

师生关系的好坏不完全取决于师生双方，学校管理人员的协调作用不可忽视。管理人员在协调师生关系中不能有任何偏袒，既要在监督管理教师的同时，又要在制度层面上体现教师的主导作用，积极维护教师的权力。在关注学生的满意度和学生对教师的评价、积极维护学生权利的同时，也要加强对学生的教育，不能助长学生的不良评教风气。对待学生的意见，管理者应该慎重考虑，避免由于管理不慎而造成的师生关系的紧张局面，努力协调师生关系，为教学质量的提高创造良好的管理环境。

（四）学校、教师、学生之间要达成合作关系

校方、教师和学生都必须深刻意识到高校师生关系是提高教育质量的关键，并想办法解决这一问题。学生应摆正学习心态，不应主观判断哪些科目需要学，哪些科目没有用，在面对教师的高要求时，不应马上出现排斥的心态，为了反对而反对，吹毛求疵，而应时刻谨记严师出高徒，相信老师的出发点是为学生好，配合教师的教学活动。

而教师也应端正教学心态，改变居高临下的习惯，真心实意与学生平等交流，必须对所有学生一视同仁，不能因为个别学生不爱学习就放任自流，应积极主动地与学生沟通，及时发现学生的疑难问题，并耐心解答，提供力所能及的帮助，把更多的精力放在教学活动中，而不是一味地急功近利，只注重个人利益。同时教师也应继续深造，提高自身综合素质，让学生心服口服，自然容易得到学生的尊敬和拥护。

校方也应调整教师评教体系，将学生的评教分数作为参考而不是重要的标准，这样可以让教师从严治教，当然也应派督导对教师进行监督，以免某些教师为一己私欲向学生索取利益，校方可通过匿名信等方式保证向学生提供意见反馈的通道，并与教师及时沟通，对于好的要继续保持，不好的要马上改正，误会的要想办法澄清。同时，校方应合理提高教师待遇，切实解决教师在教学和科研中遇到的问题，合理化教师职称晋升体系，让教师无后顾之忧地完成教学任务。

（五）教师可以实行赏识教育

教师的赞赏是学生学习的动力，也是师生关系和谐发展的因素。赞赏包括教师眼神的肯定、语言的赞赏、行为的认可。教师应该学会尊重学生，而不是唯我独尊，应尊重学生的思想，在学生犯错的时候，不要刻意刁难、严厉指责，否则容易挫伤学生敏感的自尊心，使师生关系更加疏离，甚至变得敌对，宽容可能比疾声厉色更有效果。

这并不是让教师对学生的错误视而不见，而是要视学生所犯错误的性质、程度、学生的个性、所处的场合而采取学生易于接受的批评方式。在批评过后，适当给予安抚，不伤害师生关系。同时，要积极发掘学生的优点和进步，并及时给予鼓励，让学生时刻感到老师对他们的关注，并相信自己的努力会得到老师的肯定，保持积极学习的心态。这不仅是教学手段，更是教学艺术。

师生关系是高校最基本的人际关系，而教师在师生关系的构建中处于主导地位，教师应成为学生生活和学习中的良师益友，将师生关系变成一种能够平等交流、相互尊重的良性关系，形成教与学两个环节的和谐发展和完美结合，从而极大地促进教学质量的提高。

第四章 高等教育评估概述

高等教育质量评估是保障高等教育健康发展的重要手段,而评估主体是决定评估活动科学性的重要因素。合理的评估主体能使评估活动客观、科学、全面地反映高校教育质量的真实面貌,能真正发挥评估活动的引导、激励作用。目的是促进高校提高教育教学质量和办学水平,培养高素质的人才。高等教育质量评估工作应在现有的基础上,进一步完善,从而更真实地反映高校教育教育质量和办学水平,提高高等教育评估的实效性,促进高等教育更好更快地发展。

第一节 高等教育评估相关概念阐释

一、评估的概念

评估指的是系统地运用社会科学研究方法来评估高等教育计划的概念化、设计、实施过程和有效性。

(一)评估的主要类型

1. 过程性评估

过程评估是整个介入过程的监测,包括教育工作介入进行中的评估,它对工作过程的每一步骤,每一阶段分别做出评估,其重点在于工作中的各种步骤和程序怎样促成了最终的介入结果。了解和描述介入活动的内容,回答教育过程中发生了什么,以及为什么发生。

过程评估提供有关教育过程的各种信息，包括工作目标、介入过程、介入行动和介入影响。在介入初期和中期，过程评估的重点是对学生的表现及社会工作者的工作和技巧进行评估，以此了解学生的改变进展，适时修正介入方案，改善工作技巧。此时用于评估的资料包括个案记录，社会工作者和学生的叙述资料等。在结束阶段，重点在于评估是什么因素导致了人们的改变，可以通过详细分析服务过程中有影响力的事件，探索人们转变的内在动力及其来源。[①]

2. 结果性评估

结果评估是检视计划介入的理想结果以及这些结果实现的程度及其影响。与过程评估相比，结果评估的目标是比较概括的，而结果则是具体并可以度量的。

（二）评估的主要内容

评估是指对个案工作的服务效果和效率进行评定，主要包括以下几个方面。

（1）人们的改变状况，包括哪些方面得到了改善、哪些方面没有得到改善以及改善的程度。

（2）工作目标的实现程度，包括哪些工作目标实现了，哪些没有实现以及实现的程度。

（3）服务介入工作的人力、物力和其他资源的投入。

二、高等教育评估的概念

高等学校教育评估是指在一定的教育理念指导下，依据一定的教育评估原则，根据一定的评估标准，运用科学方法与手段，对高等学校的教育和教学活动与过程、高等学校条件与资源、管理状况等所进行的程度与价值判断的活动和过程。其基本含义如下。

（1）"在一定的教育理念指导下"。教育理念是教育主体在教学实践及教育思维活动中形成的对"教育应然"的理性认识和主观要求。教育理念既可以是系统化的亦可以是非系统的、单一或彼此独立的理性概念或观念，取决于教育主体对"教育应然"即教育现实的了解和研究程度，以及他们指导教

---

① 邓明国. 精神卫生社会工作服务指南 [M]. 北京：中国社会出版社，2017：181-182.

育实践的需要。无论是系统的还是非系统的教育理念，均对教育主体的教育实践发生影响。高等学校教育理念是人们对高等学校教育的理性认识、理想追求及其形成的观念体系，具有航向标的作用。可见，高等学校教育评估必须在科学的教育理念的指导之下，以追求"应然的教育"。否则，会带来不可估量的损失。①

（2）"依据一定的教育评估原则"。高等学校教育的评估原则，即在实施高等学校教育评估时应该遵循的基本准则。本书认为，高等学校教育的评估必须追求高等学校这一组织的三大基本职能（即文化传承与创新、探究真理与发展科学、为学生与社会服务）的实现，坚持"管理系统的方法"原则，坚持以人为本、全员参与、持续改进的原则等。否则，就会使教育评估工作误入歧途。

（3）"根据一定的评估标准"。高等学校教育评估标准是高等学校教育评估工作依据的价值尺度，是评估工作开展的准绳。没有评估标准，评估工作就无法正常进行；评估标准的科学与否又直接影响着评估工作和评估结果的准确性、客观性与公正性。因此，具有科学、便于操作的评估标准是开展评估工作的先决条件。

（4）"运用科学方法与手段"。高等学校教育的评估必须建立在科学的方法基础之上，方法选择与运用不当必然会带来问题。应该采用多种方法的结合，特别是调查法、观察法、统计分析与测量、SWOT分析方法等。在高等学校教育的评估工作中，使用的评估工具、采用的手段同样制约着评估结果的客观性、公正性、准确性等，因此要有效利用先进的评估工具等手段，特别是现代信息技术和统计分析工具，如SPSS统计工具等。运用科学的方法与手段，才能避免或减少主观臆断性。

（5）"对高等学校的教育和教学活动与过程、高等学校教育条件与资源、管理状况等所进行的程度与价值判断"。高等学校教育本身由一系列的活动构成，同时高等学校教育又是由一个个活动过程构成的过程系统，在这些活动与过程中会涉及教育条件与资源、学校的治理能力与管理水平、教师的治学等各个方面的要素。高等学校教育评估就是要对高等学校教育诸要素的有效配置与使用的程度等予以客观、准确、公正的判断。

---

① 杜鹃，何玉海. 高校教育评估标准 品质、属性、体系及其建设［M］. 上海：上海三联书店，2019：37-39.

（6）"活动和过程"。高等学校教育的评估既是一系列活动，又是一个个过程。前者是高等学校教育评估的本质属性，后者则是高等学校教育评估的关键。评估不是目的，目的是为了改进。因此必须坚持"过程方法"。就整个评估工作而言，得出了评估结论并非意味着评估工作的结束，而反思与持续改进才应该是高等学校教育评估的追求。一言以蔽之，只有把高等学校教育评估作为活动来实施，作为过程来控制，才能确保评估工作收到实效。

通过系统地搜集信息，对客体做出价值判断的过程，发掘高等教育评估基本概念的五个要素。

（一）客体——学校

对于高等教育评估来说，客体就是高等学校。从另一层意义上说，高等学校也是主体，它应当主动适应社会需要。所以，客体和主体是相对的。但是，说到底，高等学校的办学水平高低、教育质量好坏，要根据毕业生在社会实践中的表现来检验。因此，在高等教育评估活动中，高等学校主要还是客体。

（二）社会价值

教育是为一定的政治、经济、文化服务的，教育必须为社会主义建设服务是我国办学的根本方向。但是，人才的培养和成长还有自身规律。因此，学校教育与社会需要是一对矛盾体，学校教育适应社会需要的程度，就是学校教育的社会价值。我们在开展教育评估试点工作时，必须确立这个基本的价值观。

（三）标准

对高等学校的办学水平和教育质量进行评估，就是对它适应社会需要的程度做出价值判断，这就要制定两个标准：一个是办学标准，一个是质量标准。制定这两个标准的主要依据是社会主义建设（包括物质文明建设和精神文明建设）的客观需要，也要遵循人才培养和成长的客观规律。这个标准是人的主观对客观的反映，我们应当力求它尽可能地正确反映客观需要和客观规律。因为这个标准一旦制定出来就将对高等教育起宏观指导和管理作用，是个很重要的指挥棒。所以，对制定这两个标准应当特别慎重。①

（四）系统测量

系统地搜集信息就是测量。为了使测量系统化，有必要建立评估指标体系。评估指标体系是评估标准的分解，指标是标准的某一个方面的具体化或行为化的体现。所以，应当先明确评估的目标，然后根据社会需要和人才培养、成长规律制定标准，把标准进行分解，形成评估指标体系，再根据评估指标体系系统地搜集信息进行测量。

（五）做出判断

测量并不是评估的终结，只是提供了做出价值判断的事实依据。评估的最终要求是要对高等学校的办学水平和教育质量适应社会需要的程度，也就是达到标准的程度做出判断。当然，这种价值判断不仅要重视教育质量的好坏——这是一所高等学校办学水平高低的主要标志，还应关注办学的经济效益，大力提倡艰苦奋斗，勤俭办学。

由此可见。评估的实质是目标管理。目标管理有两种：教育质量评估是直接目标管理，特别是根据毕业生在社会实践中的表现反馈对高等学校进行质量控制属于直接目标管理的范畴；办学水平评估是间接管理，主要是通过评估和控制办学过程来达到间接评估、控制教育质量的目的。在评估中，教育质量评估是重要的，特别是根据毕业生在社会实践中的表现来检验高等学校教育质量是根本的。但是，由于教育质量的直接测量相当困难，毕业生在社会实践中的表现因素也很复杂，还有相对滞后性。所以，通过评估和控制办学过程来间接评估、控制教育质量仍然应当给予高度重视，作为目标管理的一种基本方法。

三、高等教育评估的特色

如前所述，在本书中，对高等教育活动的评价称为评估，这是因为高等教育属于涉及因素较多、复杂程度较高的一种社会活动。关于这个问题，可以从以下四方面进行分析。

（1）从高等学校的基本职能看。高等学校有培养专门人才、开展科学技

---

① 王冀生. 我的教育探索人生 [M]. 天津：天津大学出版社，2019：66-67.

术研究和直接为社会服务三项基本职能。而根据我国国情，高等教育又有博士生、硕士生、本科生、大专生四个层次，高等学校又有"培训研究生任务重，既是教育中心，又是科研中心"的学校、"以培养本科生为主"的学校以及高等专科学校三种类型。因此，要根据不同层次、不同类型学校的基本职能开展教育评估。这种评估和中小学校的评价相比，不但有更广泛的领域（如大专生教育、本科生教育、研究生教育、科学技术研究、学校管理等），还有更复杂的内涵（如办学方向、教育过程、教育效果、办学效益等）和多样化的领域（如学校评估、专业评估、课程、实验室及其他专项评估等）。另外，随着改革开放形势的发展，高等教育体制改革中不同层次、不同类型学校的教育改革正方兴未艾，在学校教育评估实践中应该将评估和改革结合起来，用评估来引导改革的方向，保护改革的积极性，巩固改革的成果。①

（2）从高等学校培训人才的性质看。高等学校教育属于专业教育范畴，担负着为社会培养各类高级专门人才的重任。因而高等学校的教育评估理所当然会和社会发生直接联系。这种联系往往反映在以下几方面：其一，是社会用人部门对高等学校毕业生的质量评估，也是社会对高等学校教育成果的总结性评估；其二，在高等学校教育评估中必须经常搜集社会上参加工作的本校毕业生的反馈信息，这些毕业生来自高等学校，又经历了社会实践，他们对高等学校教育质量和教育过程进行价值判断具有发言权；其三，在高等学校教育评估的过程中必须包括社会用人部门的代表和专业学（协）会的专家，以便使社会及时了解高等学校对专门人才的培养过程，也能及时反映社会对专门人才培养过程的建议。

（3）从高等学校培养对象的特点看。大学多为 17~22 岁的青年。这个年龄段是人生中体力和智力发展的最佳期，也是人的个性的基本形成期，同时也是思想上最易于接受各种社会思潮的时期。因此，高等学校教育评估应该围绕"培养人才基本素质"这个中心展开，既要重视德育、智育、体育这类形成性教育活动的评估，也要注重对培养对象思想政治素质、业务知识水平、工作能力和个性品格这类成果性教育效果的评估，还要提倡学生在自主学习过程中的自我评估。学校教育的根本目的是培养人，最了解学生在学习生活中个人成就的是学生自己。因此，可以认为，教育过程评估与教育成果评估

---

① 张德才，陈虹岩. 比较与借鉴——中外高等教育评估体系研究 [M]. 哈尔滨：哈尔滨工程大学出版社，2008：13-15.

的结合是高等学校教育评估的必然，专家评估和学生（包括毕业生）自我评估的结合应成为高等学校教育评估的新发展。

（4）从高等学校培养人才的因果关系看。首先，高等学校培养人才受多元因素的制约。从学校教育的外部环境分析，家庭、社会、国家政策、民族历史文化背景、世界科学技术进步等都会对学校的教育活动产生重要影响；从学校教育的内部因素分析，办学思想、办学条件、办学水平必然对学校的教育活动起着决定作用；而这些内外影响教育的因素又是互相联系、互相作用的。其次，高等学校培养人才的教育效果具有滞后性和潜隐性，它们表现在教育效果要在学生毕业后一段时期内才能逐渐体现出来。同时，作为教育的精神因素是内在而无形的，它只有物化在具体活动中才能变成被人感觉到的东西，而这种物化反映受到环境和个人心理品质的影响又具有多因素性和不确定性。再次，上述影响教育的因素和教育效果间的关系是非线性的和复合性的，它们之间不存在直接的一一对应关系，既可能多种影响因素产生一种教育效果，也可能一种影响因素引出多种教育效果。这就给高等学校教育评估中的价值判断带来复杂性，使得对它做出即使相对准确的定量分析也相当困难。

上述分析说明，高等学校的教育活动表现为具有多职能、多层次、多类型、多因素、多效应的特点。虽然这种教育活动是一个由多种要素构成的整体，但是没有一个要素能够独立地影响教育活动本身。这就使得高等学校的教育评估往往表现为内涵上的综合性和价值判断上的模糊性，即使进行单项评估也是如此。鉴于此，将高等学校教育活动中事物和人物的价值判断赋以"教育评估"的名称是适宜的。

第二节　高等教育评估的功能与类型

一、高等教育评估的主要功能

教育评估的目的总是和教育评估的功能问题联系在一起，我们对教育评估的功能进行一番梳理，大致有如下几点。

（一）高等教育评估的诊断功能

教育评估是对教育事实进行诊断，是否达到教育目标的要求；学校采取的措施是否符合教育规律；教育行为中有无问题，问题的症结所在。通过教育评估就可以找出这些问题，这样就可以有的放矢地改进工作。

（二）高等教育评估的改进功能

改进功能与诊断功能是联系在一起的。前面已经讲到，高等教育评估的目的就是"以评促改，以评促建"。通过评估可以发现学校存在的问题，评估专家会提出改进意见，这无疑对评估对象不断深化改革，改进工作，提高教育质量有积极作用。

（三）高等教育评估的鉴定功能

评估最后对评估对象有一个整体的鉴定评价，反映了被评估对象达到教育目标的程度和水平。鉴定有几种表述：一种是合格不合格；一种是达到教育目标的水平，一般分优秀、良好、合格、不合格几个等次。有时还可以把评估的结果量化而排序，把评估对象列入被评估对象的序列之中。采取什么方式要根据评估之前设计的目的而定。①

高等教育评估最后要做的是对评估对象进行整体评价，即通过评估对学校的教育教学活动做出客观的判断结论。高等教育评估具有鉴定高等教育机构和有关学科专业的办学条件、办学水平、教育质量合格与否、发展程度高低以及办学状态优劣的作用。鉴定功能主要是通过收集高等教育评估对象的相关信息资料，采用一定的手段进行选择和处理后，将处理结果与有关标准进行对比分析，以判断评估对象的状况。合格鉴定、程度鉴定和状态鉴定是高等教育评估的鉴定功能的三个方面。合格鉴定功能一般表现为对新办高等学校、新设学科专业等是否具备基本的教育条件、是否达到基本的教育质量要求的判断。合格鉴定侧重于对各种基本条件，即人们通常所称的"硬件"进行评估。程度鉴定指对高等学校办学水平或教育质量高低进行的评判，或者对高等学校办学过程中的某方面要素发展水平高低进行的评判。程度鉴定

---

① 华玉，李兵，赵国英.地方新建本科院校发展概论［M］.北京：光明日报出版社，2009：304 -305.

有的是针对一所学校的，有的则是针对所有学校的，有的甚至超出一国范围。比较常见的有重点院校、重点学科、专业的鉴定，优秀课程评估、世界著名大学评估等。其功能都在于通过程度鉴定，分出上下高低。与合格鉴定相比，程度鉴定的标准是相对的，往往是根据特定的鉴定对象所制定的，一般不适用于特定对象以外的其他高等教育。状态鉴定一般是对高等学校或学科专业的办学状态、运行情况等进行的评判，往往采取一种周期性评估或随机性评估的方式进行。①

（四）高等教育评估的中介功能

高等教育评估的服务对象不是单一的，而是多方面的。通过评估的价值准则、评估标准、指标体系和评估活动，它不但使高等教育系统在高等教育理念上具有一定的认同性，而且通过评估过程和评估结果的发布在高等教育系统内部和系统周围营造一种相互了解、相互理解的氛围。高等教育评估的中介功能主要表现在三个方面：一是它把高等教育的投资者、管理者和办学机构紧密地联系在一起，在他们之间架起一座相互沟通的桥梁，使得高等教育系统的信息交流能够上下贯通，相互交流；二是它把不同的办学机构或紧密或松散地联系在一起，使其相互之间有了一条更为直接的沟通机制。高等教育评估中的同行专家评价机制除了具有利用同行专家的专业智慧和经验审核被评估者的作用外，来自于外校的同行专家在被评学校与其自身所属学校之间也架起了一条常常不被人所注意的沟通渠道。

（五）高等教育评估的咨询决策功能

教育评估不仅对评估对象有诊断、激励、改进等功能，对于教育行政决策部门，还有了解高校办学的基本信息、判断教育的质量及学校办学行为，为决策提出咨询信息和意见的功能。

（六）高等教育评估的参谋功能

高等教育评估在发挥自省功能的同时，还利用同行专家评议和社会评估等来检讨高等教育发展和高等学校办学的经验与不足，探讨适应各种困难与

---

① 柏昌利. 大众化背景下的高等教育质量问题研究［M］. 西安：陕西人民出版社，2008：285-287.

挑战的政策、战略和措施。因此，高等教育评估对包括高等学校及其教职员工、高等教育行政管理部门以及其他相关部门与人员发挥着咨询与建议的作用。高等教育评估不只求发现问题，而且还研究问题，探讨解决问题的途径与方法。从某种意义上讲，后者的意义更甚于前者，更为重要，更具有专业性，更能体现高等教育评估的目的性。同行专家在各类高等教育评估活动中发挥着核心作用。专家的智慧和经验不但使高等教育评估更科学、更有效，而且增强了高等教育评估的权威性和影响力。正因为如此，高等教育评估的参谋功能更显其重要性。

（七）高等教育评估的自省功能

高等教育评估的对象主要是高等学校的办学状况和教育质量。办学主体是学校，还可进一步细化为各院系、各学科专业，以及学校各有关部门；教育主体主要是广大教职员工。办学主体和教育主体的积极参与是高等教育评估活动顺利进行，达到评估目的的基本前提。有关办学主体和教育主体在高等教育评估中所开展的自我评估不仅是各种后续评估活动的基础，而且在一定意义上决定着整个评估活动的最终效果。在自我评估中，学校、有关部门和教职员工无疑需要根据评估标准与要求，就具体的评估对象和内容，对办学条件、运行情况和教育质量进行全面深刻的反思，总结成绩经验，查找问题不足，分析原因后果，商讨对策措施。针对评估的结论，学校、有关部门和教职员工还须认真检讨自己对学校办学情况和教育质量的各种认识，在充分研究和慎重讨论的基础上，做出是否认可、接受评估结论的决定。高等教育评估有助于高等教育行政部门进行自省。

（八）高等教育评估的批判功能

高等教育评估不但要发现和宣扬高校的办学成绩，更要揭示高校在办学过程中出现的不同类型、不同层面的问题，帮助学校发现问题、分析原因，找出发展现状与未来需求之间的差距与不足，以便于学校认清高等教育发展的形势，找准发展方向，理清发展思路，明确发展目标和任务。高等教育评估的另一个目的就是利用其批判作用来激励先进、鞭策后进。可以利用评估检验高校办学条件是否达到了国家规定的办学要求，对办学条件薄弱的院校或学科（专业）给予警告，督促学校在未来的办学工作中加大办学投入，改善办学条件；对办学条件严重不达标的学校，否决不合格院校或学科（专业）

的办学资格。同样，对于等级性的评估，如果专家得出的评估结论等级较低，与被评对象和办学的行政主管部门期望值相差较大，无论是来自高等教育内部还是外部的舆论压力都会十分巨大，在促使高校和教育行政主管部门接受这种批判的同时，也必然引起高校和教育行政主管部门对评估的重视，推进他们在今后的办学中明确办学目标、理清思路、加大投入，为提升办学质量而更加努力。①

　　随着高等教育评估事业的不断发展与成熟，评估的作用及功能还会不断扩大。总的趋势是发挥中央政府对高等教育和高等学校的宏观指导和调控作用，促进政府转变职能，加强宏观管理，实施分类指导；发挥地方政府的统筹管理作用，促进区域高等教育质量的提高和地方经济与社会的发展；发挥各类评估机构和社会力量的咨询与监督作用，促进高校面向社会依法办学。

　　高等教育评估已经成为推动高等教育发展的重要手段，在我国的高等教育管理中得到了广泛应用，保证了我国高等教育在大众化教育阶段下，更加科学化、现代化和规范化地发展。但随着社会主义市场经济体制的建立完善，在经济转轨和社会转型的历史背景下，我国高等教育评估的功能也正在悄然转变。如，教育评估中的鉴定功能正逐步向发展功能转变。发展功能是鉴定功能的一种延续，它是在发挥鉴定功能的基础上起到激励先进、鞭策后进，使高等教育始终保持一种积极向上、持续进步的动态评价，具有更高、更积极的教育价值。评估功能的转变呈现出重心从微观向宏观、从单一性向综合性、由封闭向开放发展的特点。这种转变除了高等教育由精英向大众化发展、由外延向内涵发展、由被动发展向主动发展等因素之外，最根本的原因是我国的社会主义市场经济体制的建立与完善。在市场经济体制下，高校的办学自主权进一步扩大，高校与社会经济的结合度更高，由经济社会发展的边缘转向中心，客观上加大了高校之间的竞争压力，高校为了生存并获得更好的发展，其自我发展意识、自我发展的动力更强，自觉或不自觉地带动高等教育评估不断适应新的高等教育发展形势，不断适应由计划经济向市场经济转轨的社会转型，高等教育评估的功能从而发生嬗变。

---

　　① 宋波. 中国高等教育评估三十年　1985–2015 年［M］. 芜湖：安徽师范大学出版社，2018：77 –79.

二、高等教育评估的类型

（一）鉴定性评估和水平性评估

鉴定性评估又称合格性评估，是用来判断评估客体某一方面内容，如学校办学水平、专业办学水平、课程质量等，是否达到所规定的合格标准，能否为国家及其教育管理部门或社会的认可而进行的一种评估活动。

水平性评估是用来判断评估客体某一方面内容的水平高低而进行的一种评估活动。水平性评估中有一种由国家及其教育管理部门根据某种特定的需要、以选拔优秀为特定目的而进行的一种评估活动，称为选优性评估。由于选优性评估有着特定的目的，也就有一些特殊的做法，如通常需要对评估客体进行排队，所以，选优性评估又是一种特殊的水平性评估。《普通高等学校评估暂行规定》把选优性评估列为一种单独的评估。

（二）终结性评估和形成性评估

终结性评估又称为成果评估，它以对一段教育工作做出总结为目标，特别关心教育活动的结果，而基本上不考虑教育工作的条件以及教育活动进行的过程。因此，它实际上是目标评估。我国高等学校本科教学工作的合格评估具有终结性评估的性质。

形成性评估以问题诊断、计划调节为目标，在评估过程中着重于对教育工作所获得的条件与教育活动过程能保证教育目标实现的程度的判断，以提出改进的意见。形成性评估又可以分为过程评估和条件评估（亦称诊断性评估）。例如，对高等学校教学工作进行随机抽查性的评估以及一般的水平性评估，主要是为了诊断评估客体在办学和教育工作中存在的问题，以便采取措施加以解决，达到提高办学水平和办学效益的目的，因此具有形成性评估的性质。

一般说来，教育决策者比较重视终结性评估，而教育活动的实施者比较注重形成性评估。教育评估专家则强调两者不可偏废，既要重视终结性评估，同时也要重视形成性评估。

（三）国家评估、社会评估和自我评估

在我国。通常将国家评估和社会评估结合在一起进行，即由国家及其教

育管理部门组织、由国家及其教育管理部门以及知识界、教育界和用人部门参加对高等学校进行评估，基本上不单独进行社会评估。这种评估，实质上是将政府行为与专家行为结合在一起，这是我国高等教育评估的特点之一。其优点是有利于国家对高等教育的宏观调控，实施高等教育资源的倾斜配置，有效推行国家有关高等教育发展的方针、政策、规定等。然而由于其中具有较多的政策目标，社会评估的作用难以得到有效发挥，比较容易诱发行政部门对高等学校过度的行政干预，因而在一定程度上影响评估的客观性和可信度。因此，实行评估主体的多元化，使社会作为一个独立的主体开展高等教育评估，改变过分依靠国家评估的局面，是我国今后高等教育评估工作的努力方向。①

（四）学校综合办学水平评估、学科专业评估、单项工作评估

高等学校单项工作评估可以分为课程建设评估、教学水平评估、科研水平评估、管理水平评估、教师评估、学生评估等。从鼓励多种形式办学提倡创新角度分，还可分为基本评估与特色评估。

无论哪一种类型的评估，在具体的实施过程中，都必须正确处理好成果评估与条件评估的关系，目标评估与过程评估的关系，基本评估与特色评估的关系，学校自我评估与社会评估的关系。根据工作需要，既保证重点，有所侧重，又统筹兼顾，全面安排，以确保评估的公正、科学、客观、合理和有效。

第三节　高等教育评估的理念与方法

一、高等教育评估的理念

（一）高等教育评估理念的重要特征

（1）价值导向性。笔者需要明确的是，高等教育评估理念是一种不折不

---

① 柯佑祥. 高等教育管理［M］. 上海：华东师范大学出版社，2001：197-199.

扣的价值观，它不仅能将评估主体对评估对象的根本看法反映出来，而且还能将前者对后者的态度反映出来。通过对马克思主义的观点进行分析，可以发现，人类在社会实践活动中形成了价值观念，它属于一种意识形态。不过，笔者必须要明确的是，价值观念具有明显的导向作用，当它形成之后，其就能对人类的各种实践活动予以指导。可见，对于高等教育评估来说，不同的评估理念也是有其对应的评估行为的。高等教育评估必须要以正确的价值观为指导，否则，高等教育评估的求真、求善目标就无法达成。

（2）社会本原性。高等教育评估是一种非常实在的存在，是一种本原性的存在，它的存在是以社会本原为介词的，也就是说，高等教育评估理念的形成并不是一时形成的，而是在社会历史条件之下形成的，它能将社会也意识反映出来。也正是因为如此，高等教育评估理念会受到许多因素的影响，不仅会受到社会经济因素的影响，而且还会受到政治、文化等因素的影响。不同的国家会形成不同的社会背景，因此也会形成不同的高等教育评估理念，与此同时，即使是在同一个国家的不同历史时期，其社会形态也是存在显著差异的，因而所形成的高等教育评估理念也是不同的。

（3）复杂多样性。当前，高等教育评估活动非常复杂，它包括许多内容，不仅包括大学生排名、教学评估，而且还包括学位点评审、教师绩效评价等，正是因为高等教育评估的复杂性才导致评估主体具有明显的复杂性，也正是因为如此，评估理念也变得十分复杂。即便是在同一种评估活动中，例如，在教学评估活动中，因为高校的层次、类型具有复杂性，不同主体对高等教育质量的理解也不一样，因此，高等教育评估理念自然而言地也就不一样了。

（4）超越时代性。评估理念并不是固化的，当时代发生变化时，其也会发生相应的变化，也就是说，当时代在变化的同时，评估理念的内涵就会被予以丰富。这里笔者必须要明确的是，评估理念与评估现实不一样，相比于后者，前者的层次会更高一些，因而评估理念才是高校不断追求的奋斗目标。

（二）高等教育评估理念的具体作用

第一，能使人们对高等教育评估的学科基础有所了解与掌握。高等教育评估离不开学科基础，而且，高等教育评估是一门多学科的研究，如果从高等教育评估的实践上来看的话，每一门学科的发展程度其实是存在明显的差异的。社会学为高等教育评估提供给基础的养分，而哲学则可以为高等教育评估提供存在的条件。

第二，能促使高等教育评估目的的合理形成。尽管高等教育评估理念是一个上位性的概念，但它依然能将高等教育评估的本质反映出来，依然能将人们的思想认识、行为目的等都反映出来。从根本的层面上来看，评估活动必须要具有一定的科学性，不能盲目进行，因为一旦评估活动陷入盲目发展的境地，那么，评估活动的效果将无法获得保证。在当前高等教育大众化发展趋势的背景之下，公众越来越对高等教育质量予以重视，开展评估活动其实就是要使人们心中形成一个非常理想的高等教育形象。因此，从评估理念的视角出发，能帮助人们对高等教育评估的目的予以准确认知，同时也能在活动开展之前获得某种预期。

第三，能帮助人们形成对高等教育评估客观规律的准确理解。高等教育评评估活动开展过程中的各要素之间存在的必然联系就是高等教育评估规律。从本质上来看，高等教育评估理念就是一种认识，它反映的是人们从感性认识到理性认识变化的情况，通过对各种高等教育现象进行分析，能帮助人们掌握高等教育评估的规律，进而对评估要素中存在的不合理关系进行改造。从这个方面上来说，必须要确保形成的评估观念是合理的，必须要确保能对高等教育评估的规律予以准确认识，否则，高等教育评估理念就无法对高等教育评估实践进行有效的指导。

（三）高等教育评估理念的设立原则

第一，兼容并包。在这个客观世界中不可能存在完美的学说，对于评估理念也是一样，世界上也是不存在完美的评估理念的。在马克思主义哲学看来，真理是具有相对性的，人们在分析事物的过程中是不可能产生绝对的真理的；即使是从马克思主义哲学自身的层面上来看，也会发现，它也是在尊重事实的基础上发展而来的，是在吸收各种哲学理论的基础上发展而来的，正是因为如此，它才形成了具有明显的开放性特征的价值体系。正是在兼容并包思想的影响下，中国高等教育评估理念的形成才有了理论思想上的支撑。中华人民共和国成立之后，西方的哲学与社会学研究成果开始在中国教育界蔓延，并且对中国高等教育产生了十分深刻的影响，更是让中国高等教育评估理念从一开始就具有了社会学、哲学的色彩。

第二，尊重规律。高等教育尊重教育规律，这是其形成与发展的基础，如果其没有对高等教育规律予以尊重，那么，其将无法对高等教育的改革发展提供必要的指导。首先，高等教育评估不是评估主体的任意而为，而是需要遵循社会发展的规律，也就是说，评估必须要围绕着高等教育的本质进行，就是要借助各种评估手段，实现知识的传承、研究成果的运用、人才的培育等目标。其次，高等教育评估也必须要与人的发展规律相一致。无论是从评估活动的主体上来看，还是从评估活动的客体上来看，二者的指向是一致的，都是人，每个人都能对事物或事件展开独立的思考与判断，因此，高等教育评估必须要能使人的主观能动性发挥出来，不能对他们的自由思考予以约束。

第三，以人为本。这里的以人为本主要包括两方面的内涵，一是对人的价值与尊严予以尊重，二是对人的智慧与潜能予以开发。在改革开放之前，中国高等教育十分推崇德、智、体、美、劳"五育"，基于此，评估一般情况下也是围绕着"五育"进行的，不过，在"五育"的具体理解非常片面，同时对其具体实施也非常片面。从这里其实也可以看出，这种评估理念完全就是一种工具性的理念，并不具有一定的人文关怀。在中国实施改革开放政策之后，中国高等教育理念也发生了相应的变革，以人为本的理念被提了出来，并在不断的实践中，这一理念逐渐在中国高等教育界落地。从当前高等教育的发展情况来看，以人为本的理念已经深入中国高等教育的各个环节，尤其是在评估环节，它给予了中国高等教育评估恰当的指导。

二、高等教育评估的方法

（一）高等教育评估中的定性评估

定性评估是指评估主体针对评估客体的行为，采用定性指标，从质的方面来衡量目标的执行情况或实现程度，是一种用划分等级来衡量高等教育质量的方法。比如评估一位教师的教学工作，就要看他讲课的科学性和思维性，以及学生理解消化的情况如何。定性评估有两种分类，一类是简单分等法，即按优、良、中、可、劣或按 A、B、C、D、E 等级进行评定，如排序法，就是将评估客体按评估指标进行排队，最好为首位，次好为第二，依次类推。再将各客体指标上所得的序数相加，按总序数从小到大进行排除，最后给出优、良、中、可、劣的等级。另一类是用短句分等法。它不是简单地分等，而是将这个标准转化为不同的短句，供评定者选择。定性评估适用于不可量化的评估指标，侧重于教育工作过程的评估。①

对定性评估进行分析，可以发现其优势主要从以下几个方面体现出来：第一，所谓的统计数据并不会对其有所束缚，能将人的智慧与经验完全发挥出来，能让人们对高等教育评估的思考更加全面；第二，能对高等教育的所有环节予以评价，而且评价的程序并不复杂，适用的范围也特别广；第三，如果出现一些情况，比如数据不充分、不合理，或者评估指标不容易被量化时，定性评估就能发挥其作用，能帮助人们形成准确的判断。

（二）高等教育评估中的定量评估

定量评估是指评估主体针对具体的与教育质量有关的数量指标，以教育成效为标准，运用数学公式，从数量方面测算目标的实现情况，将评语转化为分数的评估方法。比如评估一所高校的科研情况，常以论文发表数量、专著出版数量、课题申报数量为依据进行赋分。马克思说："一种科学只有在成功地运用数学时，才算达到了真正完善的地步。"因为定性评估具有明显的界限不准、不容易对比的劣势，因此，人们试图将数学工具运用到评估工作中，也就是要开展定量评估。定量评估一般主要是被用于可量化的指标，对评价工作的结果比较重视。

笔者认为，定量评估也有其优势与劣势，从其优势层面上来看，主要体现为以下几点：第一，能摆脱个人经验与主管意识对评估的限制，使评估更具客观性，使评估结果更能为人所认同；第二，在评估指标被明确的前提下，实施起来非常容易，量化评价的结果是可以比较的，既可以在组织的横向层面予以比较，也可以在组织的纵向层面予以比较；第三，评估的过程非常复杂，但是，借助各种各样的现代工具能让评估过程变得相对简单，从而也促进了评估可行性的实现。

从定量评估的缺点上来看：如果数据不可靠，那么，这一评估模式就无法展现客观的评估结果；第二，评估过程灵活性不足，因而无法将人的智慧对评估所施加的影响反映出来。

（三）定性评估与定量评估相结合进行高等教育评估

高等教育评估最基本的两种方法就是定性评估与定量评估，二者都有其

① 张继平. 颠覆与创新　高等教育评估的价值取向研究［M］. 武汉：华中师范大学出版社，2014：43-45.

自身的优势与劣势，在具体的评估中，二者关系密切，存在着一种相辅相成、相互依存的关系。一方面，前者是后者的基础与前提，因为如果事先没有确定一个定性评估的指标，那么定量评估也就无法实现；同时，如果失去了定性评估，定量评估的结果也就没有了实际的价值。另一反面，后者是前者量化，如果人们想要直观呈现定性评估的结果，就需要依靠定量评估来实现。因此，对于高等教育评估来说，在开展评估活动的过程中，绝对不能单一地使用某一种评估方法，而是应该吸取每一种评估方法的优势，综合起来使用。

第四节　中国高等教育评估存在的问题分析

一、中国高等教育评估现存的问题

（一）政府主导评估活动，抑制学校积极性

在现阶段，虽然我国的高等教育质量评估主体是多元的，评估活动也比较丰富多样。我国目前开展的高等教育评估工作，基本都是在政府各级教育主管部门的领导下组织进行的，政府不但制定评估指标体系，组织评估过程的具体实施，就连评估专家也基本是由政府部门确定。虽然政府主导有利于顾全大局，但无法满足教育多元利益主体的需求，社会和高校由于评估话语权缺失，抑制了他们参与高等教育评估工作的积极性，很难充分调动社会、学校的积极性。

（二）社会评估权威性不高

社会评估反映的是社会对高校所培养人才质量的总体看法，它发挥着政府和高校无法取代的作用。虽然社会各界也在积极参与高等教育评估活动，但由于评估的标准、内容以及评估体系是由政府制定的，评估活动也是在政府教育主管部门制定好方案后请他们画圈、打钩，因此来讲，社会各界并没有实质性地参与评估，所以其"潜质"也难以得到发挥。由此导致我国社会评估的权威性不高，缺乏影响力，评估没有产生应有的社会效应。

（三）评估专家不够专业

高等教育质量评估是一项具有较强专业性的工作，涉及教育教学多个侧面的价值判断，需要评估主体具有系统的理论知识和熟练的评估技能。评估专家队伍的构成是否科学合理，直接关系到评估结果的权威性及能否反映出教育质量的真实水平。当前我国高等教育评估主体的主要力量来自高校的校领导、教务处长、具有丰富教学经验的教授与高等教育专家，基本没有企业或行业专家及其他的社会专家，不具有广泛代表性，因而在涉及专业性的评估价值判断时，很难做出全面、合理的判断，极大地影响了评估结果的科学性。

（四）评估立法缺失

法制化是国家政府规范管理高等教育发展最有效的调节手段。通过制定法律法规将高等教育评估活动置于法治框架之内，更是当代世界高等教育评估发展的基本趋势。世界各国尤其是西方发达国家都通过立法来构建高等教育评估体系，使评估工作有法可依，有章可循。美国高等教育发达的一个重要原因就是其通过制定完备的法律法规而构建起完善的高等教育质量评估体系，联邦政府设立专门的"资格与机构评价办公室"作为官方高等教育质量评估管理的最高机构，负责制定有关评估工作规则，定期评审鉴定教育评估中介机构，使所有的评估实践都能在相关的法律法规范围内活动。其他各国政府也通过制定完备的法律法规体系来保障高等教育质量评估工作的正常开展。[①]

随着我国高等教育质量评估工作的进一步深化，评估的科学化、专业化、规范化、制度化必然是其前进努力的目标和方向。实现这一目标，在大力推进依法治国、建设社会主义法治国家的背景下，客观上需要加强我国的高等教育质量评估法制化建设，通过法制化以立法的形式对评估的主体、内容、形式、程序、结果运用等进行相关规定，使高等教育质量评估工作像西方教育发达国家一样，做到有法可依，有章可循。

（五）评估方法规范不足

唯物辩证法认为，任何事物都是质和量的统一体，其发展必然是质变和

---

① 席成孝. 高等教育质量"第三方评估"机制研究 ［M］. 西安：西北大学出版社，2016：63-64，80.

量变的统一。因此，考察认识事物就需要把定性方法和定量方法有机结合起来。在我国高等教育质量评估中，尽管既实行定性评估，也实行定量评估，但由于二者缺乏有机的结合，要么是重质轻量，要么是重量轻质，使定性评估与定量评估貌合神离，各行其是，严重地割裂了评估的整体功能。

在我国进行的高等教育教学质量各种评估中，就评估方法而言，存在的最大问题就是特别重视定性评估方法的使用，而运用定量评估方法相对偏少，导致评估的客观性、准确性受到质疑。

由于评估方法是为实现高等教育质量评估目的服务的，其实质是评估人员在评估过程中所遵循的原则、运用的程序以及采取的步骤和使用的手段。因此，评估方法要受到评估内容即评估指标体系的影响和制约。

（六）高等教育评估主体较为单一

普通高等学校教育评估是国家对高等学校实行监督的重要形式，由各级人民政府及其教育行政部门组织实施。从中可知我国高等教育评估的合法主体是各级政府，虽然国家鼓励学术机构、社会团体参加教育评估，提出要建立健全社会中介组织，包括教育评估机构、教育考试机构、资格证书机构等，发挥社会各界参与教育决策和管理的作用，但一直以来，政府充当着高等学校的兴办者、管理者和评价者的角色。在实际评估中也较多地表现"自上而下"的政府行为，社会组织结构的参与力度不强。这种单一的政府评估，使评估的思想观念、价值取向、评估原则标准等忽视了社会需求的多样性，只体现了政府的愿望。而高校为迎合行政主管部门的评估，必然会在价值观念上趋同行政部门的意愿，从而背离了大学自治、学术自由的精神，导致大学办学目标的功利化，这样就不利于教育民主化的发展。此外，评估方式单一，专家组的组成比较随意，成员水平参差不齐，驾驭能力和评价尺度不够均衡，考察方式和手段有欠完善，这些都给评估工作带来了负面的影响。[①]

（七）高等教育评估目标有所偏离

我国高等教育评估的目的是期望通过评估，指导改进教育教学，提升教育教学质量，评估初衷是为了发展，为了探索提高教育质量的新方法。评估

---

① 顾月琴，张红峰. 我国高等教育评估的功能及其面临的问题 [J]. 淮海工学院学报：社会科学版，2011（18）：11-13.

的基本目标是为了找出教育工作中的不足，为高等教育工作提供科学性和可行性的建议，为学校改进教学提供依据。评估的重点在考察学校硬件建设的同时，应更加重视考察学校的办学指导思想、师资队伍、专业与课程建设和改革、教学管理、实践教学、学风、教学效果等软件建设。但在实际的高等教育评估中，不少学校本末倒置，因片面地追求评估结果和过分注重评估的等次和排名次序，使得评估偏离了"以评促建，以评促改，以评促管，评建结合，重在建设"的目的，产生了一定的负面效应。

二、完善中国高等教育评估的对策

（一）实现评估主体多样化

社会民间评估组织机构具有独立性，不仅能够保证评估结果更加客观与公正，同时体现了评估主体的多元化，弥补政府评估的单一性的不足。公正客观的评估结果是实施高等教育质量评估工作的基础与意义所在。世界上很多发达国家的高等教育质量评估都是由社会力量民间中介评估机构组织，具体的评估工作由高等院校、科研单位或媒体实施，而作为宏观指导高等教育发展的政府只是对高等教育质量发展的监督。①

（二）政府与社会结合评估

我国高等教育质量评估专家小组一般来自于高等院校，没有固定的评估委员会。这样，高等教育质量评估机构也不独立于高等院校，不具有独立性的评估机构易受各方面的影响，很难评估出公平公正的结果，所以，国家可通过制定相关法律法规确保高等教育质量评估机构独立行使评估工作。

（三）设立科学的高等教育评估指标

许多教育发达国家都有科学合理高等教育质量评估模式，比如，英国的高等教育质量评估体系由内部评估（高校自身评估）和外部评估（政府主导评估）组成，它们之间相互独立，互不干扰，系统工作，评估的结果也都全部公开允许公众监督，同时还积极吸引社会力量参与评估工作。

---

① 陈新. 我国高等教育质量评估存在的问题及对策研究［J］. 小品文选刊，2017（20）：268-269.

（四）提高评估专家能力

第一，加强对评估专家的遴选。高等教育质量评估专家队伍不仅要有大量的高校学者、非教育系统专家等涉及宽领域的社会各界人才，而且要尽可能的吸纳国外成功高校的学科专家，确保评估专家队伍具有高深的学术成就、专业的理论方法和实践性较强的政策水平。

第二，加强对评估专家的培训。事物不断变化，教育法律法规和最新的评估方法亦是如此。只有顺着高等教育发展的潮流，定期对高等教育质量评估专家进行培训，才能确保评估专家掌握最新的评估理论技术和相应的教育法规，从而使得高等教育质量评估工作开展的更加顺利。

第三，加强同国外评估的交流。美国、英国等教育先进国家的高等教育质量评估工作的经验可给我国的相应工作提供适当参考。同时，可派出评估专家到国外高校进行评估工作的交流，如果可以的话，可适当聘请国外发达国家的评估专家加入评估队伍。

（五）利用评估结果

第一，利用高等教育质量评估结果，引导高校积极开展教学内容与方法的改革工作。评估的目的在于促进高校改革课堂教学的内容和方法，提高教学质量。因此要将评估结果及评估中发现的问题反馈给高校，以便及时改正。

第二，将高校的利益与高等教育质量评估相联系，提高高等院校对评估工作的积极性。充分发挥高等教育质量评估的指导作用，提高高等院校对高等教育改革工作的积极性，让高校认识到高等教育质量的高低会影响到高校的切身发展。

第三，利用评估结果促使高等院校加强教学工作。根据高等教育质量评估的评估结果，将各个高校加以区别对待，教育经费资金、课题申报、专业设置等都与高等教育质量评估结果挂钩，促进各高校做好自身的工作，提高教育水平。

第五章　透视新时期高等教育评估价值问题

从价值论的角度审视，高等教育评估是评估主体对高等学校教育教学工作是否达到教育教学目标和标准及其程度做出的一种价值判断。其合理与否直接关系到评估结果的效度与信度，也关系到高等学校的生存与发展。回顾我国高等教育评估，其成效十分显著，但问题也相当突出，社会反响极为强烈，取消评估之声不绝于耳，评估的合理性受到了社会各界的质疑。鉴于此，本章就对高等教育评估价值问题进行详细的探讨。

第一节　价值与价值取向

一、价值

（一）不同学科对价值的理解

价值是一个多维度的概念，传统上提起"价值"，通常将其与哲学联系起来。我们经常看到"价值取向""价值选择""价值冲突"等词语出现在政治、文化场合；同时，"价值"一词在我们生活的领域也被广泛使用，如"道德价值""人生价值""商品价值""艺术价值"等，但是究竟什么是"价值"，哲学领域内的"价值"、社会学中的"价值"以及经济学中的"价值"有着什么样的联系和区别，世界观、人生观的不同都会导致认知上的差异，都是需要弄清楚的问题。

1. 哲学对价值的理解

（1）基本脉络梳理

在哲学领域，价值概念是一个非常重要的基本内容。但价值成为哲学领域研究的重要内容却是 19 世纪后的事情，最早对价值的讨论主要与西方神学和古典哲学中的内容相关。从最早的古希腊的哲学体系上认为价值完全依附于善而存在，价值内在地存在于事物中，苏格拉底、柏拉图到亚里士多德形成了较为完善的善主体的价值观，价值概念在理性主义理论中一直保留着主体性特征。随着自然朴素主义思想的发展和工业文明的开始，哲学家们对价值客体的认知逐渐强化，对价值主体淡化，并且伴随着工业革命对现代社会的变革，科技主义思潮更是将价值推向知识之外的范畴，甚至一度将价值排除在理性主义理论之外。康德、黑格尔、叔本华、尼采等都对"价值"概念进行了各自的阐述和应用，文艺学、伦理学、心理学美学等学科也都对"价值"的概念有着自己的界定和认知。总体上来说，价值概念先后经历了主观主义价值论、客观主义价值论。主观主义价值论认为应该从主体性的角度去理解价值，人的需要被满足后产生的情感、欲望、兴趣，并分化出了需要决定论、评价结果论等分支流派，并且主观主义价值论在哲学领域一直都是主流观点。而客观主义价值论则主张价值是事物自身固有的、内在属性，不受其载体和评价主体等主观因素的影响。从价值本质上来看，不外乎从需要论、意义论、关系论、劳动论等角度去剖析其概念内涵。"需要论"则从客体及其发展能够满足主体的需要；"意义论"则是从客体对主体的作用，这种作用既可以是积极的也可以是消极的；"关系论"则从主体与客体之间的一种特定关系；"劳动论"则是指劳动价值，即劳动者付出的劳动量，去剖析价值的内涵。

（2）几大主要学说

在哲学研究中，价值理论的发展不断深入与壮大，人类文明进步的历程也越来越显示出对价值探究的渴望与依赖。因而，在这浩瀚的研究领域，对价值的理解一直表现出多样性。主要存在"客体属性说""主体需要说"及"主客关系说"三个方面。

"客体属性说"认为，价值自人类出现、进化、发展以来就一直客观存在，它是物质本身的固有属性。辩证唯物主义认为，世界是物质的，物质是客观存在的，而客观存在又不仅仅是指物体的外在形态不以人的意志为转移，更是指与形态为一体的内在属性的不可磨灭性，也就是说，物质与价值是同在的。正是因为物质的丰富多彩及各自属性的客观、稳定与多样化，它们可以满足人类千万种方面的不同需求、使其达到利益的获取。例如，金刚石坚而硬，可以满足人类用以切割的意图；柑橘多肉、多汁能够让人充饥、解渴，这些都是物质的固有价值的体现。

"主体需要说"则认为，物质本身是不具备价值的，其之所以会有价值是因为能够为人们所利用、满足人们某种需要并受到人们的追求。

"主客关系说"的观点也同样具有理论意义，且为更多学者所推崇、起着主导作用。其认为，价值既不是物质所固有的，也不是人们对物质外在赋予的，而是在人与满足其需要的外物的某种相互关系中产生的。可见，价值的产生需要满足三个条件：主体、客体及相互作用。相互作用的存在源于主体的本能需要及客体的自然属性。本能需要是人类生而存在的，且随着人类的发展不断从基本的生理需要、安全需要过渡到自我实现的需要，各个层次的需要促使人们不断寻求客体借以满足，而客体正因为有了其自然属性，得以满足主体的需要，于是产生了实践与相互关系，最终价值得以体现。

2. 社会学对价值的理解

在社会学中，价值命题被认为是社会互动的产物，伴随着人类文明进步史，在人类为了生存需要与自然界之间的互动，进而出现了人与观念之间的互动关系，产生不同时期的知识技术等生产力代表，成为物质文明或文化信息的基础，其中产生了物质价值概念，也被称为"生存价值"；另外，一些具有社会约束性的契约如规范、伦理与道德等被渗透到人与人之间的互动关系中，逐步形成了所谓的"规范性知识体系"，这个过程中逐渐形成了生活价值的基本观念，亦可称为"伦理价值文化"。除此之外，在历史长河的各个时期中形成了与各个时期生产力文明相适应的价值知识体系，这个体系一方面代表了社会整体价值取向的主要方向，另一方面也是从物质文明生活提升为追求精神文明生活的精神价值文化。

3. 经济学对价值的理解

价值问题研究在经济学领域的讨论更多的是在商品经济出现后，经济学讨论的价值本质是人类商品关系发展过程中的人类劳动，包括产品的使用价值与生产关系的劳动价值。马克思的《资本论》中的价值概念特指交换价值，即资本关系下的本质。价值的实践必须以一定的范畴确定，不能用局部范围内的价值替代一般的价值形态，当然也不能将一般的价值形态等同于局部的价值形态。马克思的劳动价值论中价值是一种凝结在商品中的无差别的人类劳动，商品具有价值和使用价值的二重属性。

（二）不同学者对价值的理解

对于价值的理解，不同的学者有不同的见解。

袁贵仁认为，价值是一种关系范畴。他认为，价值是一种社会关系而不是某种实体，价值是关系范畴，而不是实体范畴。对此，袁贵仁进一步阐述说："一方面，价值离不开人和人的需要。一个没有人的世界也就是一个没有价值的世界"；"另一方面，价值也离不开客体。客体及其自然界属性是价值的承担者，客体对主体的作用是价值关系的客观基础"。[①]

美国的拉尔夫·基尼（R. L. Keeney）指出："价值是用来评估的原则。我们使用它去评估积极活动或不积极活动的真实或是潜在的后果，去评估提出的选择和决策的后果。这些价值观念既包括必须保留的伦理原则，也包括用作选择取舍的指导原则。"[②] 在这里，把价值作为一种"原则"，作为一种"选择取舍的指导原则"，这显然是对价值范畴内涵的新认识，有利于对价值的本质做深入了解。

综合上述的研究成果，笔者可以对价值范畴的内涵做这样的概括，即客体在主客体关系中对主体需要表现出的肯定性或者否定性意义，就是价值的本质；或者说，价值是人的意义世界。

价值与自然界的关联密切，它是来源于自然界的，并且在社会与人类的发展中不断实现自身的发展，价值的终极根源是劳动的人类社会和运动的物质世界。价值的模式是不一样的，它在不同的范畴中有不同的状态，比如，自我价值、社会价值、司法价值、经济价值等。这些价值揭示的都是人类发展过程中的规律。

二、价值取向

（一）基本认识

一般认为价值取向是个体认识活动自我选择的结果，影响着个体在认识

---

① 袁贵仁. 价值观的理论与实践 [M]. 北京：北京师范大学出版社，2006：5-6.
② [美] 拉尔夫·基尼. 创新性思维——实现核心价值的决策模式 [M]. 北京：新华出版社，2003：7.

世界的过程中进行方向与途径的选择，但是人作为社会关系的综合，其价值选择又是他所处的社会文化关系所决定的，所以社会学研究价值取向必然要从研究对象所处的社会文化环境入手。

（二）高等教育价值取向

其实，人的教育不是一个随意和自发的过程，而是有意识、有目的的。教育目的不是人们主观臆想的产物，教育目的存在于人的发展与社会发展的对立统一的关系之中，存在于人的发展水平与社会发展的要求之间的矛盾之中。因此，思考和制定教育目的的逻辑起点也存在于其中。任何教育目的的制定，都不可能绝对地只从人的发展出发，也不可能绝对地只从社会的发展出发，而必须从教育所面临的基本矛盾，即人的发展与社会发展的矛盾出发，只不过不同的人对人的发展与社会发展的矛盾有不同的看法，因而对教育目的有不同的价值取向而已。人与社会在现实生活中是不可能截然分割的，既没有孤零零的抽象的人，也不可能有孤零零的抽象的社会，人总是社会的人，社会总是人的社会。因此，完全离开人与社会的关系绝对地认为教育目的必须从人的发展出发和绝对地认为教育目的必须从社会发展出发，都是难以立足的，也是缺乏事实根据的。[①]

以往，在传统的教育学理论中，在确定教育目的的价值取向时，出现了两种截然不同的观点："个人本位论"和"社会本位论"。个人本位论的基本观点是主张教育目的应依据个人的需要来确定。认为教育的根本目的就在于使人的本能和本性得到自由发展，个人价值高于社会价值。个人本位论提倡个性解放，尊重人的价值，具有历史进步意义。但是个人本位论排斥社会对教育的制约，排斥社会对人才培养的需要的观点是不正确的。社会本位论是认为个人的发展有赖于社会，教育的一切活动都应服从和服务于社会需要，教育除了社会的目的之外，没有其他目的。社会本位论完全否认了教育目的的个体制约性，也是不全面的。个人本位论和社会本位论在处理社会和个人的关系问题上各执一端，都是不正确的。只有将社会发展需要与个人发展需要统一起来，才是科学的。

在高等教育的价值判断中，主体需要和时代背景对高等教育的多种价值所产生的不同偏好和满意程度，直接导致出现了不同的高等教育价值观。以

---

① 扈中平. 教育目的论（第2版）[M] 武汉：湖北教育出版社，2004：28.

个人为中心的教育价值观强调，教育不是为了社会的功利目的，而是为了受教育者个人，高等教育的目的即在于促进作为个人的每个学生在人性或理性方面的发展，培养和谐发展的个人，如此大学成了超然于社会生活之外的"象牙之塔"。以社会为中心的教育价值观则把社会需要作为全部教育工作的出发点和归宿，认为高等教育的价值首先是为了促进国家经济、政治和文化等的发展，造就社会所需要的各方面人才，为此，"社会职业对人才规格的要求就直接影响着大学的培养计划与过程。大学对学生的教育与培养首先考虑的就是如何使他们适应社会的需要，适应未来职业的需要"。以上两种明确而对立的高等教育价值观，前者可称其为"理想主义"的"本体论"教育价值观；后者乃是"功利主义"的"工具论"教育价值观。除了不同的价值判断主体根据客观条件，形成不同的价值观外，教育价值观的最终形成还受一定哲学思想的影响。大致是在人文主义思想指导下，个人本位的高等教育价值观得以形成，而社会本位的高等教育价值观则深受功利主义思想的影响。前者追求学术的价值目标，后者醉心于职业训练所带来的实惠。

高等教育价值取向上的学术性和职业性追求就是在上述高等教育价值观认识的基础上确定的，是其高等教育的价值在人们观念上的反映，也是由此而产生的一种教育行为倾向。虽从高等教育整体发展来看，两种高等教育价值取向是辩证统一的。职业性是手段，学术性是目的，没有职业性的充分发展，学术性也就不可能最终实现，而没有学术性作为目标，职业性同样失去了其前进的方向。但在具体实践中，由于人们对教育与人的价值关系的认识不同，价值判断不同，因而教育行为的价值取向也极不相同，高等教育的学术性和职业性之争便就不可避免。

总之，学术性与职业性问题在中国高等教育史上虽是相互对立、此消彼长的一对矛盾，但也相互促进、紧密联系。唯应引起我们注意的是从总体上来看，我国传统的高等教育价值取向仍是以偏重学术研究为其大学的主流选择，长期以来人们往往比较看重大学的学术地位。至于高等教育所具有的职业性价值则经常被忽视。因此，确立高等教育价值的新取向要有助于打破这一传统，要使新的高等教育行为选择建立在科学的基础之上。也就是说，在现实中不宜使各种类型和层次的高等院校去追求共同的理想。因为，按照大学的"内在逻辑"实施高等教育，在特定的历史条件下的确会促进学术繁荣，但一个国家高等教育系统所有的高等学校都以发展学术为己任，而远离纷繁丰富的社会生活，必然难以维系；相反，高等院校若都忽略了自身的"内在逻辑"，摈弃自己的实际，追求即时效应，又会阻碍学术进步，使高等教育质量下降，难免成为众矢之的。而应力图使高等教育在总体上走上学术性与职业性协调发展的道路，在观念上树立起既体现高等教育的内在逻辑，又服务于社会、满足个体发展需要的新观念。

第二节　透视高等教育评估价值取向问题

一、中国高等教育评估价值取向存在的主要冲突

在高等教育评估中不可避免地也会存在各色矛盾，之所以会存在不同的矛盾，主要是因为高等教育价值取向之间是存在明显的冲突的。对当前中国高等教育评估现状进行分析，就会发现高等教育评估的价值取向可以从以下几个方面体现出来。

（一）理念性冲突

中国高等教育评估缺乏和谐的一个明显的表现就是理念性冲突。理念是一种不折不扣的精神、观念与意识，因此，它可以将高等教育评估的社会意识反映出来，同时还能及时高等教育评估主题的价值选择。中国高等教育一直处在不断的探索、变革中，从当前高等教育发展的情况来看，其正从精英化向大众化的方向发展，就是在这一变化过程中，大众的高等教育理念也在悄然发生着变化，评估理念不可能不受一些影响。

1. 缺乏包容精神：一体与多元分歧

高等教育在经历了千百年的发展之后，其已经成为一种综合体，也没有完全摆脱官僚体系。正是因为如此，在开展各种类型的大学活动时，首先必须要考虑的就是大学所具有的多样性特征。与中国大学所具有的多样性特征不一致的是，中国高等教育评估则缺乏多样性，全国范围内的所有高等教育评估都采用的一套体系，一个标准。笔者也承认，在过去某些特定的历史时期，统一的评估指标体系、统一的评估标准在很大程度上的确促进了中国高等教育的发展，而且对中国高等教育管理体制一体化的形成也有一定的推动

作用。不过，人类社会分工逐渐出现了细化的发展趋向，这就要求高校培养的人才也应该向着多样化的方向发展，从而也决定了高校也应该分类发展。这里笔者需要特别指出的是，将在许多方面都存在差异的学校放在一起进行比较，其实是不可取的，这主要是因为一方面高校的个性可能会被严重抹杀，另一方面也无法将高等教育最为本真的价值揭示出来。

2. 忽视教育规律：评教与评学割裂

按照教育规律，"个体的能动性是人的发展的内在动力"①。学生的学习效果可以受许多因素的影响，其中一个比较明显的因素就是学生自身努力的程度，而且前者与后者的关系是一种正相关的关系。也就是说，如果保持外部客观条件一致的情况下，那些付出许多努力的学生往往能够获得不错的学习效果。不过，不仅学生内部的各种要素会对学生的学习效果产生不小的影响，而且那些外部条件同样也可以对学生的学习效果产生不小的影响。通常情况下，影响学生学习效果的条件是多种多样的，教学条件越好，学生的学习效果能得到保证；教师的素质越高、专业水平越高，学生的学习效果也会越来越好。但是，需要明确的是，与外部条件相比，只有学生本身的因素才能对学生学习效果产生决定性的作用。这其实已经表明，教师在教学中不能只是执着于向学生灌输知识，而是应该注意将学生的主动性激发出发。很明显，这是一种以学生为中心的教育教学理念，它与传统的教学理念不一样，它并不重视教学本身，而是十分重视学习效果。如果从这个方面上来看的话，开展教学评估活动就必须要围绕学习效果进行。从理论上应该如此，但是中国高等教育评估并没有做到这一点。从评估内容层面上来看，对教学予以评估，评估的内容应该包括教师的教和学生的学两个部分，其中后者应该是重点，但现实情况是前者才是重点；从评估形式层面上来看，教学评估对教学效果、教学管理等予以考察，但却没有对学生管理、学习效果等予以重视。这显然与当前教育界所推崇的以学生为中心的教育思想存在着显著的差异。

3. 缺少创新意识：本土与外来隔离

从中国高等教育评估的实际情况来看，人们在对高等教育进行评估时总是习惯性地从外部世界中寻找教育理念，并不经常性地引入一些创造性元素。当前，从高等教育评估活动的开展时间上来看，西方比我们长，从高等教育评估的经验上来看，西方也比我们多，但这并不意味着我们对西方高等教育

---

① 王道俊，郭文安. 教育学 [M]. 北京：人民教育出版社，2009：42.

评估理念与模式予以照搬就能让中国高等教育评估迎来一个发展的新局面。必须要清楚的是，西方高等教育评估制度是在西方文化、教育背景下产生的，是与西方文化、教育制度相契合的，它并不一定适合中国高等教育的发展，因此在对其进行借鉴时，一定要注意不能全面照搬，要有所选择，否则可能就会使中国高等教育陷入发展的尴尬境地。

（二）客体性冲突

从中国高等教育评估的内里来看，客体性冲突是其缺乏和谐的一大表现。如果从高等教育发展的理想状态上来看的话，高等院校应该是高等教育评质量保证的主体，但实际上它却是高等教育评估的客体。之所以出现这一情况，主要是因为中国高校自评的系统并未完善，高校自评根本无法独立"生存"，只能依附于政府存在，也正是因为其所作所为都要为政府所限，因此，中国高校无法完成对自我的评估。就是在理性与现实的博弈中，高校难以以自己的独立思维发展。

1. 理性让位现实

在过去，人们多将大学看作是理性的重要堡垒，教师与学生并不对所谓的社会地位与经济回报予以重视，他们重视的是师生间和谐的、正直的、热情的关系，这种认知表明理性与现实过去也是一个非常和谐的统一体。不过，在市场经济的冲击下，在人们价值观不断发生变化的情况下，理性带了有了市场经济的色彩，这也导致它已经将最初的信念抛弃了。高校之间的竞争主要体现为两个方面，一个是地位，另一个则是经费，而在这种情况之下，评估对学校的作用已经不再是解放作用，而是一种限制作用。在每一次的评估中，高校都要经受着身份危机的考验，都要成为经费的奴隶。就是因为受到市场经济的影响，高校都普遍热衷于追求地位与经费，才导致高校原本理性的价值在很大程度上被贬低了。高校不再愿意保持理性，他们果断放弃了理性，为了争夺地位与教育资源，他们尽自己的最大努力去获取经费，甚至有些高校竟然非常骄傲地认为自己获得的巨大的经费支持就是其地位的体现。

2. 内部迎合外部

高等教育评估本就应是高校内部的事情，因为高校是与高等教育有着直接关系的主体，它对高等教育质量予以维护。尽管理论上如此，但现实情况是，高校在高等教育评估专家面前，他们的话语权明显被剥夺了，其地位也由主体变为客体。"质量评估的产生是由两方面的问题产生的，一方面为权力，另一方面为标准。这两个问题其实已经表明，中国高等教育机构已经失去了自己原本的'尊严'，为了能够对外部环境的冲击予以迎击，高校内部正在对自己的利益与权力进行重新分配。"① 中国高校的命运并不掌握在自己手里，它们被掌握在那些评估专家的手里，因此导致一到评估的时期，各大高校都如临大敌，生怕在评估过程中出问题，为了保证评估的顺利结束，有些高校甚至还对评估专家予以迎合。②

3. 群体应对个体

约翰·S. 布鲁贝克看来："学院和大学不应该仅仅被看作是单独的教育场所，其应该被看作是社会的缩影，应该被看作是能够彰显个人利益与社会利益冲突的中心。"③ 在大学里，管理者、教师与学生都有着自己明确的任务，管理制度工作就是掌握高校的所有教育事务，而教师的主要任务就是开展教学活动、展开学科研究，而学生的主要任务就是学习，这些都是管理者、教师与学生的日常，但如果到了接受评估期间，这些任务就不再是重点，他们的主要任务就是迎接评估，保证评估的顺利进行。管理者会花费大量的时间整理档案，而教师会花费大量的时间整理教学成果，学生也不会闲着，他们还需要在繁重的学习之余整理学习记录。可见，在评估期间，学校里的所有人都不会轻松，这也让校园中出现了一些"怨气"。当所有的"怨气"到达一定的峰值之后，就会形成一种严重的冲突，这一冲突体现为大学与国家教育部门之间的冲突。国家教育部门拥有绝对的行政权威，大学是无法在地位上撼动国家教育部门的，但他们了解自己的优势所在，因而总是尝试着在舆论上为自己高呼。我们要正确看待舆论，并不是所有的舆论都是正确的，即使是那些有影响力的学者，他们的舆论也不见得就多么准确，甚至他们的那种对高等教育评估极尽贬低的行为，在笔者看来就是不正确的。这容易使一些原本非常有益的评估也被那些批评之声所淹没了。其实，评估是没有任何问题的，这里出现的问题是评估的主体不应该具有唯一性，国家教育行政部门应该学会放权，将权力赋予更多的主体，这样，社会舆论也会发生明显的变化。

---

① ［美］约翰·布伦南，［美］特拉·沙赫. 高等教育质量管理：一个关于高等院校评估和改革的国际性观点［M］. 陆爱华，等，译. 上海：华东师范大学出版社，2005：11.

② 傅剑锋，吴冰清. 高校评估该停了［N］. 南方周末，2008-4-24.

③ ［美］约翰·S. 布鲁贝克. 高等教育哲学［M］. 王承绪，等，译. 杭州：浙江教育出版社，2002：96.

（三）指标性冲突

中国高等教育评估缺乏和谐的最为根本的表现就是指标性冲突。高等教育在当前教育改革过程中的重要推动力量有许多，其中，科学有效的评估就是不容忽视的一项重要力量，而要获得科学有效的评估，就必须要设计合理的评估指标体系。对中国高等教育评估进行分析，可以发现，这一条路并不好走，其遭遇的阻力很大，爆发出来的冲突更是多种多样。这些冲突恰恰就将评估指标体系设计存在的某些问题揭示了出来。

1. 重定性轻定量

定性指标的侧重点是高等教育的质，它实施起来所用的时间很少，同时操作起来也比较容易；定量指标的侧重点是高等教育的量，它实施起来的准确性非常高，而且具有很强的可靠性。但是，中国高等教育评估指标体系在设计时存在着严重的重定性轻定量的情况，就是因为如此，才导致高等教育评估出现了规范性明显不足的问题。在普通高等学校本科教学工作水平评估中，其指标体系共 7 个一级指标、1 个特色项目、19 个二级指标，其中 11 个为重要指标，8 个为一般指标，在这些指标下又设有 44 个观测点。分析发现，11 个重要二级指标中，师资队伍数量与结构、教学基本设施、教学经费、课程 4 个为定量指标，其余包括办学思路、专业、质量控制等在内的 7 个均为定性指标。在 44 个观测点中，只有 19 个观测点为定量指标，其余 25 个观测点均为定性指标，定量指标与定性指标的比例明显不够平衡。定量指标变得越来越少，而主观因素在评估中的作用越来越大，这肯定会使原本就存在的价值偏差变得更大，更重要的实地，评估结果的效度也会降低。①

2. 重硬件轻软件

对高等教育质量产生影响的外部因素就是我们所说的硬件，而对高等教育质量产生影响的外部因素就是我们所说的软件。事物发展是有规律可循的，所有的事物的发展都是内因与外因共同作用的结果，前者是后事物一直处于变化状态的依据，而后者则是事物一直处于变化状态的条件，外因发挥的作用是间接的，它只能通过内因来起作用。中国高等教育评估指标体系的设计却与事物发展的规律相反，它并不看重基于内部因素的软指标，而是比较看

---

① 聂业，吴培凯，孙国刚. 大学排名与产学研合作成效定量评估研究 [J]. 科技管理研究，2009（8）：77.

重硬指标。这就是表明，中国高等教育评估指标体系是将外因看作是最终能提升高等教育质量的根本方法。从普通高等学校本科教学工作水平评估指标体系来看，7 个一级指标中，师资队伍、教学条件与利用、专业建设与教学改革、教学管理、教学效果 5 个指标都偏向于硬件建设，仅有办学指导思想和学风 2 个指标指向软件建设；11 个二级重要指标中，师资队伍数量与结构、教学基本设施、教学经费、专业、课程、实践教学、基本理论与基本技能、毕业论文或毕业设计 9 个指标也倾向于硬件建设，仅有办学思路、思想道德修养指向软件建设；44 个观测点中，绝大多数指标也是对硬件建设的检测。如此设计评估指标体系，很难对高等教育质量进行整体性把握。

3. 重过程轻结果

过程反映的是高等教育质量的变化情况，过程性指标是不会处于静止状态的，它总是无时无刻地在运动，正是因为突出，对它予以观测就显得十分艰难；结果反映的是高等教育质量提升之后的成果，结果性指标揭示的是高等教育目标达成的情况。与过程性指标截然相反的是，结果性指标是一种静态性的指标，对其予以观察相对来说是比较简单的。不能单独地看待结果与过程，二者是相互依存的，应该将其放在一起看待，结果是通过过程而来的，而过程是一种条件与手段，促进结果的形成。因此，在高等教育评估中，如果我们用结果性指标来对高等教育目标的达成情况予以分析，就会发现，其所分析的结果要比过程性指标分析的结果更加具有说服力。在 7 个一级指标中，只有教学效果取向于高等教育结果，其他指标均取向于高等教育过程；在 19 个二级指标中，仅有基本理论与基本技能、毕业论文或毕业设计、思想道德修养、体育、社会声誉、就业属于结果性指标，其他均属于过程性指标；在 44 个观测点中，仅有 11 个观测点属于结果性指标，有 33 个属于过程性指标。两相对照，本该适当控制的过程性指标反而占据绝对优势，颠倒了高等教育评估的"是非"。

二、高等教育评价价值取向转向问题探究

（一）高等教育评价价值取向转向发展的特征分析

随着高等教育评估核心要素的不断变化，中国高等教育评估的价值也在不断发生着变化。

1. 评估理念从服务政治转向服务社会

2009 年，教育部也意识到了中国高等教育评估理念存在的问题，因而在制定新的高等教育评估方案时提出了一些新的评估理念，主要为"为国家把关、为学校服务""构建以学生为本和为学生服务"，这些理念一经推出就为许多高校所运用，慢慢地，服务社会的评估理念必将在中国高等教育评估中发挥重要作用。

2. 评估主体从政府主导转向多元参与

从 1985 到 2008 年期间，中国进行的各种评估，其主体都是明确的，那就是政府，政府会直接参与评估活动，并且会排除其他的评估主体，只让自己掌握评估的话语权，这导致评估主体单一的同时，也无法保证评估的质量。最近，一些专门的社会评估机构开始在高等教育评估中发力，但它依然也是为政府权力所控，因此，政府在高等教育评估中的权力是很大的，其地位是无法被撼动的。这也表明，社会参与高等教育评估的能力有限，高校自我评估的意识也并不强，这些原因再加上政府的主导性，高等教育评估的客观性可能就无法得到保证了。

为了让政府在高等教育评估中不再独揽大权，2011 年教育部正式发挥了新的评估方案，认为高等教育评估需要吸引更多的评估主体。这主要可以从以下三个方面予以理解：第一，政府要将一部分权力下放给高校，肯定高校在评估中的重要地位，同时还应该鼓励高校积极开展自评；第二，中央应该将某些权力下放给地方，不能所有的教育工作都由中央统筹，地方教育部门也应该参与高等教育评估，分担中央的压力，而教育部不需要面面俱到，只需要从宏观上对评估予以准确指导，具体的评估工作可以放心交给地方教育部门去做；第三，政府还应该将某些权力下放给社会，进一步突出中介机构的评估主体的角色，引入社会中介机构，能够保证高等教育评估的公平。

3. 评估对象从消极抵制转向积极认识

中国评估制度是由优秀评估、随机水平评估与周期性教学工作水平评估三个部分组成的，这三个部分开始的时间也是不一样的，第一部分开始的时间为 1996 年，第二部分开始的时间为 1999 年，而第三部分开始的时间为 2003 年。这一评估制度将评估结果进行了划分，分成了"优秀""良好""合格"和"不合格"四等级，就是因为有这四个等级存在，才使不少评估对象总是希望自己获得优秀的等级。因为一旦等级不好，那么，将会对有关方面产生很大的影响，可能会管理部门对学校产生不少的印象，从而对学校领导的升迁产生影响；可能会使社会对学校产生不好的印象，从而使学校的形象受到影响，社会对学校的资金注入就会相应的变少；可能会让家长、学生对学校产生不好的印象，甚至会影响后续的招生。基于这种情况，许多高校都试图放手一搏，想要通过其他的一些方法达到教育部制定的优秀的评估标准。其实，从现实情况上来看，并不是所有的高校都欢迎评估，也有不少高校不喜欢评估，甚至从心底里抵制评估，但是他们无能为力，其不得不去对这种刚硬的制度安排予以迎合①，这也表明，所谓的评估并不是高校的主动需要，而是行政施压的结果，这也导致评估对象在对高等教育评估标准的认识上出现了严重的偏离。为了改善这一情况，评估等级发生了明显的变化，不再使用过去的四个明显的等级，而是直接将评估划分为合格与不合格两个等级，这样，所有的评估对象就不会再执着于自己与他者的比较了；让评估结果与教育决策之间的联系逐渐被淡化了，评估对象可以自己决定在面对复杂的教育问题时应该怎样去应对；评估结束并不意味着高校管理工作的结束，高校应该根据评估的结果剖析当前高校管理过程中存在的问题，并根据问题提出解决问题的有效的方法。这一评估理念的转变让高校更为清楚地认识了自身，同时也能促进高校持续、更好的发展。

4. 评估内容从统一要求转向分类指导

在过去精英高等教育时期，即使高校之间在类型、层次上存在明显的差别，但他们彼此之间并不会有十分明显的差异，因此在这一时期，高等教育评估完全是可以按照统一的要求进行的。目前，高等教育已经进入大众化阶段，原本的统一的高等教育评估已经不适应高等教育的发展，在高等教育向着多样化的方向发展的同时，高等教育质量标准也应该与时俱进，向着多样化的方向发展。如果在这一时期依然使用同一个指标体系，依然使用同一套评估标准，那么，每个高校的特色将无法反映出来，同时公众的多样化需求也无法反映出来。因此，当前的评估工作做出了重大改变，教育部在分析当前中国高等教育评估现状的基础上，在借鉴国外高等教育评估模式的前提下，提出了新的评估构想——分类评估、分类指导。根据方案的可操作性原则，教育部对所有高校进行分类，将其分成两类，并根据每一类学校的特性制定了不同的评估方案。一类是已经在过去接受过评估的高校，对于这类高校，

---

① 余天佐，谢安邦. 本科教学工作水平评估研究述评 [J]. 大学（研究与评价），2008（9）：52 -56.

教育部实行的是审核评估；另一类是直到现在还没有接受过评估的高校，对于这类高校，教育部实行的是合格评估。这一分类指导的思想是对抽象发展的反映，但对高校实施分类评估行为是合理的，是符合学校发展需求的。

5. 评估方法从工具理性转向价值理性

20世纪70年代以来，在全世界范围之内，当然也包括中国政府，世界各国纷纷在高等教育实践中不断探索提高高等教育评估方法实效性的方法，从而使评估的最大效用被发挥出来，也能使其可以服务于国家对高等教育的有效管理。

笔者承认，工具理性在提高评估效率方面确实发挥了重要作用，不过，也应该认识到的是，一旦评估脱离了价值理性，它就无法对高等教育的质量予以保证，这也是一直以来人们对评估方法的工具理性产生诸多质疑的原因。为了让所有的高校都能意识到自己所担负的责任，新一轮的评估重点应该放在对高校评估意识的唤醒方面。工具理性为高等教育评估目标的达成提供了智力支持，因此，评估的绝对价值也被体现了出来，使评估方法开始转向价值理性。

(二) 我国高等教育评估价值取向转向发展的因果机制

从20世纪80年代以来，中国高等教育评估的价值取向已经发生了明显的变化，下面笔者就对变化出现的因果机制进行详细的开阔与说明。

1. 评估制度创新是高等教育评估价值取向转向发展的根本动力

评估制度建设非常重要，它能促进高等教育评估事业的稳定、持续性发展，因此，必须要大力加强评估制度建设，形成能够对人们的行为予以激励的评估制度，形成能促进更加完善的规范体系形成的评估制度。这是当前中国教育部门的主要任务，同时也是高校明确办学思考、提高教学质量与管理水平的重要动力。

2. 评估政策引导是高等教育评估价值取向转向发展的重要保障

对中国高等教育评估事业发展的历史概况进行梳理，可以发现，政府在其中依然发挥着十分重要的引导作用，正是因为政府在其中的不懈努力，才使高等教育能一直稳步发展，才使高等教育评估事业取得了不错的成绩。政府之所以能够准确推动高等教育评估事业，甚至是高等教育事业的发展，主要因为两点，一是政府对高等教育的发展趋势做到了清楚掌握，二是政府对时代发展的情况做到了全面监控。中国高等教育已经进入大众化发展阶段，这让高等教育不再是一种由少数人所掌握的一种权利，而是成为普通人的权利。同时，对高等教育予以重视的对象也在不断增加中，且其来自的领域也更加多样化，这就给政府的工作带来了一定的压力，怎样去解决高等院校扩张对高等教育质量产生的影响这一问题，是当前政府最为紧迫的任务之一。中国政府行动了起来，从评估政策入手，制定并出台了许多评估政策，这些政策为高等教育评估提供了公平的政策依据，同时也让高校不再陷于盲目的整改中。大量的高等教育评估已经表明，评估政策并不仅仅是一个连接各方利益的纽带，而且它还是一个调节器，能对各方利益予以调节，从而促进高等教育评估事业的稳步发展。

3. 评估文化发展是高等教育评估价值取向转向发展的坚实平台

在评估过程中，所有的评估成员都会形成一些价值观念与行为规范，将这些价值观念与行为规范整合起来就形成了评估文化。评估文化的内涵十分丰富，不仅包括物质文化与制度文化，而且还包括精神文化与观念文化等。"如果对评估的本质予以挖掘，就会发现，评估的过程就是一个不折不扣的文化过程，而说到文化的核心问题则应该归结为机制问题。评估文化的基础应该是评估的价值观念"。[①] 如果从高等教育评估的表层来看，它的确是一种教育现象，但若剖开表层看内里，就会发现，它实则是一种文化现象。而对文化的发展过程予以评估，就是要及时评估价值取向发展变化的过程。几十年的评估实践工作，中国高等教育评估发生了翻天覆地的变化，从刚开始的跌跌撞撞到今天的稳扎稳打，从刚开始的形式主义到今天的务实主义，都在表明，评估文化在其中发挥着至关重要的作用。甚至我们可以说，高等教育评估要发展，那么，评估文化就是其必须要依托的一个有力的平台。就是在先进的评估文化的引领下，中国高等教育评估才能取得一些成绩，才能成为推动中国高等教育发展的重要力量。

4. 评估心态调整是高等教育评估价值取向转向发展的内在基础

高等教育评估事业健康发展有外部因素的支持，也有内部因素的催化，从其内部因素上来看，良好的心态是不容忽视的一个因素。中国高等教育评估过程中出现了一些不良的心态，这些心态主要表现为紧张心态、应付心态与防卫心态。这三种不和谐的心态在很大程度上阻碍了中国高等教育评估事

---

① 艾光辉. 高等教育评估呼唤文化的引领——论高等教育评估文化的建构 [J]. 新疆财经学院学报，2006（1）：41-45.

业的发展。因此，教育部在制定新的评估方案时就旨在通过多种方法改变这些不良心态，并使高校可以从消极态度向积极态度转变，从被动应付向主动参与转变。

三、高等教育评估价值选择

（一）价值选择对高等教育评估十分重要

马克思说："价值这个普遍概念是从人们对待满足他们需要的外界物的关系中产生的。"① 如果某物满足了我们某种需要，我们就认为它在这方面对我们是有价值的。不同的人和群体有不同的价值偏好，他们在不同的时间和地点也会有不同的价值选择。对于不同的人和群体而言，价值之间可能存在冲突，也可以相互融合、促进。

评估就是判断某个主体、某项工作、某个方案做得怎么样，是否实现了目标，通过这种判断可以奖优罚劣，也可以发现不足、改善提高。高等教育评估就是对高等教育进行的评估，是对其价值实现状态做出的判断，是一个宽泛的概念，是一系列具体高等教育评估的集合或总称，包括本科教学水平评估、大学排名、学科评价、学生评教等。要判断就需要有标准，而标准的确立就必须依据一定的立场，这就是所谓的价值选择。对于高等教育评估而言，不同的价值选择就会有不同的评估标准，就会有不同的评估方案设计和不同的评估方式选择。如学生评教首先要清楚学生评教的价值选择是什么，如果选择了管理价值，那么其标准就应该围绕着老师是否按时按点完成教学内容，是否严格按照教学大纲和计划开展教学，是否认真批改作业等以及一些管理制度规定相关的内容来设计；如果选择了教育性价值，那么其标准就应该围绕着学生成长而设计，包括教学内容是否有前瞻性，老师的教学是否有利于引领学生向更高层次迈进；教学方法是否有利于激发学生的思考和探索等。进行每一项具体的高等教育评估都会遇到价值选择问题，如果不去深入理解和探究它，评估就可能本末倒置、舍本逐末，达不到目的。总之，高等教育评估离不开价值选择。

---

① ［德］马克思，［德］恩格斯. 马克思恩格斯全集（第 23 卷）［M］. 北京：人民出版社，1979：669.

（二）高等教育评估中多样的价值选择

高等教育评估是一种政府管理高校的手段，也是学校管理师生的手段，有着管理意义上的价值；同时，高等教育评估的评估对象有着典型的教育价值。对于高等教育中的学生评估而言，还存在着知识价值和能力价值的选择问题。当然，高等教育作为培养社会发展所需人才的组织而言，还有着重要的社会价值；而对于个人的成长发展而言，还有着不可忽视的个体价值。此外，评估是为了形成一个最终结果，用于奖优罚劣，还是为了发现问题不断改进，涉及终结性价值和形成性价值的选择。

1. 管理价值和教育价值

众所周知，高等教育评估在我国本身就是作为一种政府宏观管理高等学校的手段提出来的，其对管理价值的追求不言而喻。在评估实践中，高等教育评估对其管理价值的追求也尤为突出。如《普通高等学校本科教学工作水平评估方案》的制定就是为了"进一步加强国家对高等学校教学工作的宏观管理和指导"而出台的。还有一些评估在实施的过程中体现出了明显的管理价值倾向，如学生评教，一些学校的管理部门在开展学生评教的过程中强制学生填写评价问卷，不填写就不让学生选课；有的学校把学生评教的评价结果主要用到对老师的职称评定等管理事务中；中央教育科学研究所高等教育研究中心为考查高校资源的利用效率对 72 所教育部直属高校所做的绩效评价也带有明显的管理价值取向。①

高等教育评估除了管理取向的价值追求外，还需要考量教育价值。这就需要结合高等教育的特殊性。高等教育评估之所以特殊，是因为其评估对象包括高等教育内部的人、制度、学术、文化等。高等教育作为一种特殊的社会活动，把培养人才作为其存在鹄的。高校是培养人、促进受教育者身心健康、全面发展的场所，也是培养"社会良心"的地方。

2. 能力价值和知识价值

在很大程度上，知识的积累有助于能力的提升，而能力的体现必定要求一定的知识积累，二者相辅相成，互为促进。但是，二者又不完全等同，书本知识的学习并不必然带来能力的提高，尤其在当下对人才综合素质要求越

---

① 中央教育科学研究所高等教育研究中心. 72 所教育部直属高校绩效评价结果与排名 [N]. 中国教育报，2009-12-11.

来越高的情况下，更是如此。当前，我国高等教育评估中更多表现出对知识价值的追求，对能力价值的追求严重不足。如学校还是以学生考试成绩为主来评判学生的优劣，在学生的综合测评中学习成绩仍然占主要位置，而学习成绩的考核仍然是以知识性为主。可喜的是，已有研究者强调对大学生就读经验进行评估，从学生的自身体验出发来评价学生的发展。[1] 此评估就不是单纯地来衡量学生所学的知识，而是全面衡量学生各方面的发展。新时期我国的目标是建设创新型国家，高等教育的要求是培养创新型人才，以创新精神和创新能力为核心。这是对我国高等教育提出新的要求和挑战。与此同时，"当今社会，人们越来越意识到学习能力、就业能力、工作转换能力和创业能力是一个人生存发展的立身之本、幸福之源。"[2] 单纯以知识来衡量学生水平的时代已经一去不复返，学生的能力成为评估高等教育质量的重要方面。

3. 社会价值和个人价值

教育的价值取向问题一直是教育学研究的基本理论问题。无论是国外还是国内，教育价值取向问题一直存在着争论。把教育的社会价值和个人价值对立起来，做二者择一的选择，会使人们的认识和选择发生偏差，影响正常的教育行为。我国以往的高等教育评估更强调教育的社会价值，主要表征为评估的标准，经济、政治等社会外部特征明显。在人才观和质量观上总是强调适应社会经济发展。[3] 在这种价值取向的影响下，高等教育评估对个人价值实现的关注远远不够。这种评估导向致使高校更关注以市场为导向，在专业结构和课程设置上做出调整，而对如何增进学生身心健康、促进学生全面发展方面则考虑不周，用心不够。现在，我国政府以"以人为本"为核心价值理念，要求把"科学发展观"落到实处。科学发展观又把以人为本置于首位，强调把人民群众的利益作为一切工作的出发点和落脚点，强调把满足人的全面需求和促进人的全面发展作为公共政策的终极目标。培养适应社会发展的人才固然重要，但是教育作为培养人的活动，学生的身心健康、自我发展更为重要。这就要求我国的高等教育评估既要重视社会价值的追求，也要重视个人价值的追求。教育的价值取向应该在社会需求与个人发展之间形成

---

① 周廷勇. 高等教育质量观——生成与变迁 [M]. 北京：北京出版社，2008：185.

② 中国教育与人力资源课题组. 从人口大国迈向人力资源强国 [M]. 北京：高等教育出版社，2003：131.

③ 周廷勇. 高等教育质量观——生成与变迁 [M]. 北京：北京出版社，2008：142-171.

统合。①

4. 终结性价值和形成性价值

终结性评价的目的是下结论或者分等，形成性评价的目的是改进和提高。像大学排名就是终结性评价，它的目的就是依据自己的评估方法排出大学的名次，以告知公众，便于公众用"脚"投票；本科教学水平评估更多是一种形成性评估，因为除了评价出优秀、良好、合格与不合格之外，还对被评学校给出整改建议，以便学校改进提高。高等教育评估既需要终结性评价，也需要形成性评价。终极性评价的意义在于给出确定的结论，为奖优罚劣提供依据；形成性评价的意义在于发现问题，给出建议，让学校更好地发展。在具体的评估中，评估方必须做出选择，很难有同一评估完成两种使命，因为二者在获取数据和信息方面存在较大差异。终结性评估尽可能选择公开、客观性的指标，如学生数量、科研经费数量、发表文章数量等；而形成性评价要想发现存在的问题，访谈、调研等主观性的考察必不可少。当前高等教育评估终结性的评价多一些，形成性的评价少一些。政府、社会中介评估组织和学校自身都缺乏对学校发展的把脉、诊断评价。

第三节　分析高等教育评估价值发现问题

一、剖析高等教育评估的功能性价值

从价值论的角度来看，如果把人类的一切活动都看作是为了发现价值、创造价值、实现价值和利用价值的话，那么，评估就是人类发现价值、揭示价值的一种手段和方法。评估的属性和功能经过主体需要的强化，就会形成评估所特有的功能性价值。总的来看，评估的功能性价值体现在以下几个方面。

（一）判断的功能性价值

评估是对客体是否满足主体需要以及满足状况的价值判断活动。可以说，

---

① 陈桂生. 教育原理（第二版）[M]. 上海：华东师范大学出版社，2000：187-204.

价值判断是评估的最基本的功能之一。通过判断，一方面可以揭示客观事物能够满足人们需要的价值所在，另一方面也可以对主体的需要在多大程度上得到满足加以判断。从而使人们不断摆脱盲目被动性，自觉地趋利避害，也使人们的需要与欲望控制在合理的价值范围之内。

（二）发现的功能价值

评估不仅对现实的、既存的价值关系做出判断，而且可根据客观事物属性的认识的不断深入，以及人们需要的不断发展对潜在的、未来的价值关系进行发掘。从而发现客体事物的新价值以及主体新的价值需求。这样，一方面有可能推进事物的新的发现，体现评估的创新价值，另一方面也体现了评估具有超前性的预测价值。

（三）选择的功能价值

评估是对价值程度的一种选择和判断，通过评估，将同样具有价值的客观事物进行比较，从而确定哪一个是更有价值、更值得争取的；也可将主体的价值需求进行比较，看它对同一客体的价值需求。怎样的程度是最现实、最合理的。所以，评估可使事物的取舍与人的需要统一起来，合理地取舍，以使事物的选择更有价值，或实现更大的价值。

（四）反思的功能价值

对事物进行价值的选择和判断，对人自身的需要的合理性进行现实的分析，本身就是一种批判和反思的过程。这是一个主体能更加清晰地认识自我与客体，认识自我与客体之间的价值关系的过程，在此基础上，主体才可能做出更好的判断和选择。

二、高等教育评估的"价值发现"有两个层面

高等教育评估的"价值发现"有两个层面。其一，是在评估中发现一些对提升整体大学教学质量的共同价值问题；其二，是发现一些增强某个学校教学质量的价值问题。共同的价值问题，是对所有学校评估过程中总结出来的共性问题，它要求我们在评估中不仅要重视管理价值，更要重视教育价值。从管理的角度对学校教育教学水平做出等级评判，建立教学管理秩序是必需的；从教育角度，指出学校教育教学过程中的教育意义更为重要。因为学校

教学质量的最终承载者是学生，学生的教育性素养的获得才是最为重要的。于是，高校学生发展的共性问题以及评估中如何体现学生发展的问题需有待我们去进行深入的研究。

三、高等教育评估价值发现功能的体现

（一）从对教育教学活动的综合研究上体现

评估若只作价值判断，一般只需要作常规性的评估。如此，用统一的标准对教育事实与教育活动的好坏、优劣及其程度做出判断就已经达到了目标。在这里，统一的标准能左右评估活动的过程。但是，由于教育性评估的特性，注定了只以统一的标准做出价值判断是远远不够的。真正深入的评估应是研究性的，它既考虑一定的评估标准，又考虑每一所学校存在的特殊的教育教学问题。针对每一所学校的价值发现，就必须对每一学校客观存在的大量教育教学问题进行深入的探讨，只有建立在客观分析的基础上，才能作出问题的综合归纳。我们知道，在通往综合实践的道路上，首要的就是对问题本身的综合。真正探究性的实践活动，其开端就是对问题的综合。只有分析出大学中实际存在的教育教学问题，才能有融通学校过去、现在和未来的价值发现。

（二）从对主体潜在的教育需求的分析上体现

一般的评估总是要分析主体对客体的需求。但以价值发现为旨趣的评估就不是只停留在对这种需求的现实考察上，还要追求对主体需求的潜在趋势及未来走向的把握。大学教学评估要促进学校的发展、教师的发展和学生的发展。发展目标的实现就是通过对需求的动向性分析，为学校与师生的发展提供支撑。

（三）从对主体需求与客体现状动态关系的分析上体现

评估的复杂性就在于要把握主体要求与客体现状的动态关系。我们看到，现实生活中两者之间只存在相对的稳定性，而流变性反而是常态的。当客体满足了主体某方面的需求时，主体往往会产生新的需求，所谓价值发现就是要展现主体在未来的需求变化，并考察其满足的可能性。高等教育评估异常复杂，它能表征的是教育教学现状满足教育主体需求的动态价值关系。然而

仅仅做到这一点又是远远不够的，它还力图揭示出这一价值关系的未来走势及可能动向。所以，"有价值"的价值发现并不容易。

四、促进高等教育评估的"价值发现"功能发挥的机制构建

（一）从观念层面上来看

一般情况下，人们认为评估是一种价值判断活动，所以，非常重视评估的价值判断功能。况且，由于我国的高等教育评估开展时间不长，我们现在仍然重视的是评估的判断与鉴别功能。希望通过评估，区分出学校教学质量的等次。这自然满足了社会对区分各学校教育质量差异的需求。但是，对于每一个学校的发展，尤其是教育性发展的方略，评估所提供的帮助较少。为了弥补这方面的不足，评估方案中加入了"办学特色"的指标，但问题是，当我们对全国一千多所不同层次、不同类型、不同发展历史、不同办学形式的高校沿用统一的、刚性的评估指标体系的时候，评估的信息必然难以反映出大学教学活动的多元化特质。另外，我国主要通过政府行为实施高等教育评估，通过较为单一的评估信息（主要是学校的自评材料）对大学教学活动进行规范，不利于发挥"办学特色"的发现价值功能。所以总的来看，目前，由于观念的限制，高等教育评估的"价值发现"功能受到了限制。这样，从根本上树立高等教育评估"价值发现"的观念，才会有对整个评估的根本改变。

（二）从科研层面上来看

高等教育评估的价值发现基于对教育教学问题的探讨，由此，教育科学研究将被提到议事日程上来。很长一段时期，教育教学的研究滞留在经验的角度和水平，尤其是对校本的实际问题的研究，更是从经验层面论证的多，理论层次上提升的少。教育既是一门科学，又是一门艺术。大学的教育教学更是科学与艺术的结晶。它既有个性与艺术的特性，又有科学的特征。这就决定了对它的研究，一方面要体现人文理解的意蕴，另一方面要突出实事求是的精神。

教育科学研究是从理性的层面揭示高等教育中的问题及其本质内涵。只有对高等教育中存在的问题进行理性的探讨，才能归纳出一些共性的东西，并上升到理论层次。而教育科学理论的进一步深化与完善，将不只是提供现实问题的解释，还可以对教育发展的进程做出科学的预测与推断。如此，成熟的教育

科学研究成果会以理论的洞察力对教育实践做出推断，发现教育的价值。

但是，教学是难以进行科学研究的变量。大学里存在的所谓重科研轻教学的现象，一方面说明学校评价机制中有重科研轻教学的倾向，另一方面也说明了科研量化指标硬而教学量化指标软。其实这就是高等教育评估的科学研究难题，怎么评价大学教学，大学教学中什么是最重要的，这些都需要我们深入的研究。

在我们的大学，采用评估中学教学的体系来评估大学教学的现象比比皆是，如很多学校仍然停留在教案、教材、教风、教态、教学语言、组织教学、教学方法、板书等等方面来要求评价我们的大学教学，而对大学教学中内容的选择和创新等更能体现大学教学特质的文化与精神方面的因素考虑甚少，这就说明我们对大学教学的质量问题缺乏深入和本质的研究。

如何提高大学教学评估的质量，发挥评估中"价值发现"功能，有待我们加强高等教育科学的研究。

第四节　剖解高等教育评估价值实现问题

一、高等教育评估价值实现的必要性

众所周知，人类用真理、价值、幸福等各种尺度来指导和衡量自身的存在方式——实践活动。价值尺度在诸尺度中最为关键。因为，人类所有的实践活动，归根结底，都是由人类自身的需要所引起的。而对人类自身需要的满足，就是这一实践活动的价值。换句话说，实践活动本身对人类的价值是其产生和存在的基础。高等教育教育伴随着是一种特殊的实践活动。毫无例外，这一实践活动的产生和发展，是以其对国家、个人所具有的具体价值为前提的。也就是价值构成了高等教育这一客观现象存在的依据。因此，从考察高等教育价值实现、高等教育评估价值实现问题就是在情理之中了。

二、教育评估价值实现的特点分析

（一）教育旨在培养人

培养人的教育价值及其实效要在受教育者离开学校，走上社会走，上工

作岗位之后才能充分展开出来。这一特点决定了对教育价值的评估实际上是在教育系统之外进行的。学校中所进行的各种考试也属教育评估形式，但考试所考察的只是学生对书本知识的理解和掌握，或评价的是学生接受书本知识的能力。至于这些书本知识在多大程度上转化为学生的实际水平，学生运用所学知识解决实际问题的能力如何则很难在学校中考核出来，只有通过实际工作来检验和评估。我国高等教育评估缺乏对已毕业学生实际能力的考察，实际上是少了一个重要的评估指标。因为，教育评估和成效的最终体现是学生实际工作能力。因此，建议以后的评估中可以考虑增加考查毕业生实际工作能力的指标。

（二）教育周期长

教育的周期很长，因而教育工作的价值和成效往往要通过较长时期以后才能显示出来，这就给需要在短期内做出的教育评估工作带来较大的困难。严格地说，我们当前所进行的评估是教学工作状态的评估，而不是教育成效或教育价值实现的评估。

（三）教育系统复杂，且与社会大系统关系密切

教育系统不仅本身复杂，而且几乎同社会大系统中的每一个子系统都有着直接的联系。因此，教育价值的实现不只是取决于教育系统本身的优劣，而且取决于教育系统与社会其他系统的关系是否协调，如高校专业改善与社会要求脱节，毕业生在工作岗位上学非所用等，都会直接影响教育价值的实现。有时甚至取决于对教育系统起制约作用的其他系统的优劣，如：人才管理、干部制度、知识分子政策对实现教育价值的影响是显而易见的。

三、高等教育评估中价值实现的重要分析解析

（一）指标问题解析

教育中对人的培养及其质量实际上要在学生走上工作岗位以后才能真正体现出来。所以，走出学校教育外的学生质量评估是非常重要的问题。由于对已毕业学生进行抽样调查的复杂性与高成本性，目前，在高等教育评估中直接评估已毕业学生的元素还很少见，实际上是对教育价值实现特殊性的忽视。因此笔者认为，关于教育价值实现的评估问题，有以下几个方面值得

注意。

第一，毕业生的抽查与取样。高校毕业生一般分布在全国各地，若要对他们进行评估，成本将会很高，因为目前还没有形成对已毕业学生评估的合作机制。如果要进行该项评估，评估者不得不用很大的精力和很多的时间在全国各地分散调查，故而成本将十分高昂。但是，如果形成了全国性的评估合作机制，该项评估工作将会得以顺利进行，评估的成本将大大降低。在全国各地形成了评估合作机制的条件下，分散在各地的高校毕业生将由地方评估机构进行抽样调查，这样有利于降低评估成本。因此，建议教育部评估中心尝试开展此项评估工作，建立以教育部评估中心为主，各地地方评估机构为辅，各高校参与的合作评估机制。经过若干年的工作，收集各高校毕业生质量数据。该项评估工作的开展，对鉴别各高校毕业生质量，考察教育价值实现的效果是非常重要的。

第二，毕业生毕业年限的有关抽样问题。大学生毕业参加工作几年后的能力显现与教育价值的实现呈现出一致性？选择比较合理的时间段是我们进行该项调研需要解决的主要问题。刚毕业的大学生还没有适应社会和工作，有的只是学习能力，接受教育的能力和学校中形成的其他能力；他们毕业后还需要一段时间来适应，准确地说是需要一个转化过程，由学校教育中形成的各种能力转换为工作能力、社会能力，这时不适宜进行教育价值实现的调研，因为这个时期还不能充分反映出他们的教育价值的实现；同时，毕业后参加工作的时间太长，也不是调研的合适时间，因为那个时期的许多能力很大程度上应该归功于学生从事的某个工作岗位和工作环境等因素。那么，究竟毕业几年是我们相对合理的调研时间？这需要我们进行职业适应性周期的研究。虽然这项评估任务十分艰巨，因为不同职业的适应周期存在不一致的问题，同时，不同职业大体的职业适应周期也值得我们去研究。但如果我们的研究建立了不同职业适应周期的常模，那么，开展各高校毕业生的质量调查就可以实现了。

第三，教育统计中的模糊性问题。已毕业学生的能力及表现的鉴定也是一个很复杂的问题。它涉及学生的道德素质、职业态度、职业能力、职业情感等诸多因素。即使是相对比较好量化指标的职业能力，其中仍有很多因素不容易用量化统计的方法来加以说明。所以进行此项研究，需要处理好研究中的质与量的结合问题以及学生的自我评价与外界评价相结合的问题，以尽可能使评估达到科学和合理。

(二) 评估主体多元化问题

随着高等教育的发展，大学教学活动受到越来越多的因素影响。大学的办学行为的相关利益主体基于各种权益和需求，都有资格、有必须对大学提出评估和审查的要求。因而大学教学评估主体的复合多元性成为一种必然。

在西方发达国家，由于大学办学主体和利益主体的多样化，对高等教育的评估呈现出分散和多元化的特点。无论是集权制国家还是分权制国家，评估"分权"的趋向都较为明显，集中体现为：一是教育评估的权力在中央政府及各级地方政府、各级教育行政机构之间的分散；二是评估权力在政府、社会、市场、学校之间的均衡。这样，通过多方主体的共同参与，削弱了单一评估主体的主观意识对评估活动的影响。因而，西方国家的高等教育的评估体系中，一般具有中央政府、地方政府、民间、地方团体等等多种评估形式和机构，这种复合性评估主体对大学的教学活动形成了有效的外部评估和监督体系，对大学的教学质量进行有效的监控。与此同时，大学自身仍保持高等的独立性，有办学与教学活动的自治权，这样也就形成了大学内部的坚实有力的质量保障体系，不会轻易受到外部因素的干扰。

这样，形成的由政府、社会中介组织与大学自身评估相结合的评估体系中，政府代表着国家与地方的利益，对大学进行了办学水平等方面的评估，以保证办学方向、管理水平以及各学校之间的协调发展；社会中介组织代表着社会集团、纳税人、用人机构、学生家长等方面的利益，对大学进行评估，实施选择、监督、支持等职能；大学自身代表着学校的利益，追求学校教学与学术的进步，站在"教育性"的角度，执行发展教学、提高质量、实现最大化教育价值的使命。

评估主体的多样化可以保证各方面价值利益最终在大学教学中的价值实现。因为，它能保证各方利益通过评估的调控作用来影响大学的教育教学实践。若某一方利益过于强势，就可能使大学教学实践打上他们价值需求的烙印，从而使其相应的教育价值实现处于优势地位。我们所期望的是三方评估主体在大学教学评估活动中的权力均衡，这样才有利于学生整体发展。

第六章　透视新时期高等教育评估体系
建构问题

随着高等教育大众化的实现，高等教育如何在增长数量的同时保证质量，日益成为人们关注的焦点。高等教育评估体系的构建与完善是规范高等学校办学与管理的必经之路，是提高教育质量的一项重大措施。构建高等教育评估体系不仅是高等教育自身发展的需要，也是社会发展的需要。本章将分析高等教育评估体系存在的问题，阐述高等教育评估体系的建构原则，探究高等教育评估体系的构建与实施。

第一节　高等教育评估体系建构原则

一、构建高等教育评估体系要坚持科学性

科学性原则又称客观性原则，是指评估指标应该符合高等教育的客观规律，要有客观的尺度，其主要指标体系能客观地、科学地衡量教育活动的价值和绩效，真实、准确地反映评估对象的本质特征。只有这样，才能得到正确的评估结果。要做到这一点，就必须把握高等教育活动的特点，明确高等教育评估的基本规律，一个有效的途径是进行高等教育评估的实验研究，通过试点探索和理论研究，使确定的评估指标体系尽可能科学合理。

在高等教育评估实践中，经常可以碰到涉及评估的科学性问题的案例。例如，评估高校学生的质量，就有人把三好学生的比例作为一项主要指标，

这是不够科学的。因为三好学生虽然有一定的评比条件，但这些条件都是由人来掌握的，而且在实际执行中通常又都是按照人为规定的比例来评定的；从更大范围来看，不同高校的三好学生也有质量优劣之分。因此它是不够客观和科学的，长此以往，必然会影响高等学校整体办学质量的提高。

二、构建高等教育评估体系要坚持方向性

方向性原则又称导向性原则。它是指高等教育评估指标应体现正确的办学方向，使评估工作能正确地发挥导向功能，这里的办学方向，首先是指坚持正确的政治方向，在我国是指高等教育要坚持社会主义的办学方向。评估指标必须反映社会主义建设对高等教育发展的全面要求。其次，要遵循高等教育自身的规律，评估指标应该体现高等教育发展规律的客观要求。

例如，在评估高校学生德育工作的质量时，如果把学生违章、违纪和违法犯罪率作为一项重要指标，过分看重消极性指标，就容易误导学校对这类不光彩行为的隐瞒、包庇、姑息和迁就。这样做不能有效地督促学校积极地做工作，进行批评和教育，乃至做必要的处理。这显然是不科学的，也不利于引导学校坚持正确的办学方向，是不符合指标设计的方向性原则的。高等教育评估是一根无形的指挥棒，切不可随意"乱指"。因此，在确立评估指标体系中坚持正确的方向是一个至关重要的问题。

三、构建高等教育评估体系要具备可测性

评估指标的可测性原则，是指所设置的终极指标必须直接可测，否则必须把它分解为下一级指标，直至直接可测为止。这里所谓的直接可测，既包括可以定量的测量，也包括可以定性的测试。不能认为只能定性测试而不能定量测量的指标是不可测的指标。评估指标往往具有多级或多层次指标，但也不宜过多，以3~5级为宜。

高等教育评估中对本科教学工作的教学状态这个一级指标就无法直接进行定量的或定性的测试。所以它不能作为终极指标，还应继续分解为专业建设状况、课程建设状况、教学改革状况、教学管理状况和学风状况等二级指标。由于这些二级指标仍然不具有直接可测性，还需要继续对它们进行分解，直至具有直接可测性。例如，教学管理状况可以分解为教学管理队伍状况、教学管理制度建设状况、毕业生质量调查与反馈状况、教学现代化管理水平

等三级指标。这些三级指标都具有直接可测性，可以作为终极指标。

四、构建高等教育评估体系要具备独立性

为了能准确、客观地判断高等教育活动的社会价值，反映高等教育活动的各种属性和特征的指标之间交叉和覆盖的面不宜过大，即指标之间的相关性不宜太强，基本上应不具有相关性，尤其不能使这条指标的属性包含了另外一项指标。这就是高等教育评估设计的独立性原则。

例如，未获得毕业证书的学生数与未获得学位证书的学生数，参加科研工作的教师数与取得科研成果的教师数，都不是相互独立的指标，因为前者包含了后者。如果都把它们作为高等教育评估的指标，而不是独立地分开、有所选择（要么前者，要么后者），就会出现相互包含、相互重叠的问题，实际上也就是不适当地加大了某些指标的权重。这是不科学，不合理的。

五、构建高等教育评估体系要考虑可比性

所谓高等教育评估设计的可比性原则，是指评估指标必须反映高等教育评估对象的共同属性，测量和获取信息的结果可以进行科学的比较。只有共同的属性，才有可能相互比较。例如，在政治思想工作与政治思想教育方面，各高校对政治理论课的教学内容等都有一定的要求。

在评估各高校的政治思想工作和教育时，可以按各高校间的同一标准进行比较，具有可比性。而是否设置班主任，班主任设置的年限，各高校都有自己的特点和管理要求，有不同的做法，因此是不可比的，也就不能作为评估的指标。可比性原则直接关系到高等教育评估的质量和效果。

第二节　构建理想、全面的高等教育评估体系

一、从政府角度出发，完善高等教育评估体系

要构建有中国特色的高等教育评估模式，不能简单照搬国外的某些模式，而必须立足于我国的国情和高等教育评估目前的发展阶段和状况，从探化教

育管理体制改革着手，进行通盘考虑和整体设计。在提供社会资源方面，政府具有无可替代的作用；然而，单纯依靠政府也无法达到教育资源配置的最优化。因此，政府要从微观管理转向宏观调控，确保政府、高校和社会三方利益关系的主体地位，建立政府评估、社会评估、自我评估多种渠道相结合的评估体系。

（一）完善政府参与高等教育评估的行为

1. 健全高等教育评估的法律法规

高等教育评估必须要有一定的法律法规做支撑，这是评估得以完善与开展的基础。西方国家在这一方面做得非常好，其将法律规范贯穿在评估的所有环节中，不仅在质量评估性质、程序等方面都制定了相关法律，而且在评估机构、评估人员的认证等方面也制定了相关法律。

但是，必须要说明的是，中国的高等教育评估与西方国家的高等教育评估确实存在一些差距，在支持高等教育评估的法律规范方面还是十分缺乏，这产生了两方面消极的影响，一方面为高等教育质量评估在实践中的约束力不高，另一方面为高等教育质量评估在实践中无法产生较大的影响力。当然，法律规范的制定并不容易，需要许多人的努力，同时，随着高等教育的发展，有关高等教育评估的法律也是不断需要予以修改的。目前，中国高等教育评估正在试图做出改变，过去，评估的主体是政府，但是现在，中介组织也开始参与高等教育评估之中，在这种情况之下，制定合理的法律规范是十分有必要的。

首先，可依据《教育法》《高等教育法》和《教师法》以及我国高等教育的战略目标、方针、政策，吸收西方发达国家质量评估的法治经验，结合我国高等教育质量评估的理论和实践，以引导和促进高校发展为基本出发点，对《普通高等学校评估暂行规定》进行修改和完善。具体做法是：确立国家、社会、学校三方的高等教育质量评估主体地位；对不同类型高等学校教育评估的目的、组织、程序、周期、结果公布、专业和教师奖惩等做出明确规定；规定质量评估机构的权限和职责，尤其要对社会中介组织做出专门规定，建立教育评估机构的资格认证制度；建立评估专家的资格认证制度等。同时，在实践中加大相关法规政策的执行力度。

其次，要根据在评估过程中遇到的实际问题制定具有针对性的法律法规，要明确评估的内容、目标与功能，同时还要明确评估的程序与方法，等等，将所有的评估法律都固定下来之后，中国高等教育评估必须要在法律框架之下进行，只有这样，中国高等教育评估才能得到科学的、合理的结果，才能让每一所中国高校都能获得有的评价。

2. 建立常态化高等教育评估配套制度

法律在评估实践中的落实并不容易，为了使相关法律可以被高效、有效的实施，政府必须行动起来，建立并发布相关评估制度，这里的评估制度内容十分丰富，不仅包括激励制度与监督制度，而且还包括申诉制度与元评估制度等。基于完善的评估制度，法律就能在中国高等教育评估中落实，同时也能使评估走上一条规范化的道路。不过，笔者要指出的是，中国政府在高等教育评估过程中所实施的行为具有明显的动态化范式特征。比如，与其他西方国家相比，中国高等教育评估的周期特别长，一旦评估程序开启，高校就将评估当作所有教职工工作的重点，在评估过程中，因为所有人都为评估服务，所有事也都要为评估"让路"，这导致在这一段时间内学校的建设张力很强，但当评估结束之后，这一建设张力就会减弱。

高等教育评估应避免"动态化的范式"。这是因为，"动态化管理本质上是一种无规则可循或有规则不循的非常态化管理，而且在一定程度上同政府行为随意，政府的一些官员办事因人而异有一定的相关性"①，它不仅加大了政府管理的成本，而且容易滋生政府官员的权力寻租行为。

管理不只包括动态化范式，其还包括常态化范式，而且后者还是社会公共管理中最为推崇的管理模式。政府可以将这一模式运用到高等教育评估中，对高等教育评估予以分解，使其可以在日常的高校管理工作中就被完成。这样，高校就不至于在评估过程中"手忙脚乱"，而且，这一模式还能在很大程度上降低高校评估的成本。

美国在高等教育评估方面一直以来都做得不错，对中国高等教育评估有借鉴价值。美国的院校都将能否获得最终的认证看作是一件非常重要的事情，因为一旦无法获得认证，不仅该所学校的毕业生的就业会受到阻碍，而且对于高校来说，其第二年的招生也是一个问题，尤其是对一些私立学校来说，学校的运转大部分都是通过学生所缴纳的学费，如果招生情况不佳，学校的运转也会受到很大的影响。美国高等教育评估并不是"一锤子买卖"，通过了

---

① 史秋衡，陈蕾. 中国特色高等教育质量评估体系的范式研究 [M]. 广州：广东高等教育出版社，2011：109.

一次评估并不意味着学校没有必要再接受评估，相反，学校需要定期接受评估，可以说，教育的连续性就这样得到了保持。

3. 统筹制定高等教育评估规划

评估效益的取得并不容易，评估目标的达成同样也并不容易，对于政府来说，其必须要从宏观层面，对高等教育评估予以全面把握，科学统筹。教育部要制定更加全面的评估规划，但是规划的制定必须要与中国高等教育评估工作的实际情况相一致，必须要与中国高等教育发展的实际相一致。规划不应是短期规划，而应该是长期规划，可以是五年规划，也可以是十年规划，甚至可以是更长的规划。高等教育评估要使高校教育活动的最低质量标准得到保证，更重要的是，不能让高校的自主办学权受到损害，应该尊重高校，这也对评估提出了要求。具体来说，评估的内容不应太多，同时也不能特别细化。

评估工作太过繁杂，或者评估过于随意，没有进行统筹规划，那么，直接对高校予以评估，造成的直接结果就是学校教职工可能会方案评估工作。基于此，中国政府应该合理地对评估规划予以制定，同时应该将相互分离的评估系统的功能、目标等紧密结合起来，使所有的要素都能发挥整体价值。

中国高等教育评估着眼的并不是眼前的短期效益，而是长远效益，因此，其应建立不同标准的评估模式，在笔者看来，可以以院校为对象建立"院校鉴定"模式，可以以专业为对象建立"专业评估"模式[①]。同时，不应该将本科教育评估与研究生教育评估割裂开来，而是应该对二者进行合理的规划，使其逐渐在区域一体化。另外，所有的高校教育评估并不应完全由政府承担，也应该积极鼓励高校参与进来，比如，一些关于课程、实验室评估的部分，可由高校独立进行评估。

4. 设计差异化高等教育评估方案

高等教育结构是被固定下来的客观存在，但是对高校予以分类这一行为则是一种不折不扣的主观行为。[②] 学生对高等教育的需求是不一样的，这导致为了满足不同学生的需求，不同类型的高校也形成了，正是这些不同类型的高校组成了高等教育。类型不同，高校的分工不同，高校发展的重点专业与

---

① 杨德广. 高等教育管理学 [M]. 上海：上海教育出版社，2006：173.

② 史秋衡，陈蕾. 中国特色高等教育质量评估体系的范式研究 [M]. 广州：广东高等教育出版社，2011：110.

特色专业也不相同。面对不同类型的高校，必须要对其发展进行针对性规划，而制定科学的分类评估指标体系就是必须要采取的行动之一。

我国的高等教育从横向类别上分，有普通高等教育和成人高等教育；从办学机制上分，有公办高等教育和民办高等教育；以纵向层次来分，则有高职（专科）、本科和研究生教育。而根据教育部《普通高等学校基本办学条件指标（试行）》，当前我国高等学校划分为 6 种类型：综合、民族院校；理工、农林院校；师范院校；医药院校；语文、财经、政法院校；体育、艺术院校。

经济和社会发展需要的人才是多层次、多类型的，既然发展多种形式的高等教育是趋势，那么建立多元化分层次的质量评估体系就成为必然。多科性、综合性、研究型大学主要是国家投入，以研究生教育、科学研究和社会服务为主，兼顾本科教育；而教学研究型和教学型大学则主要是地方投入，以本专科教育甚至职业教育为主，兼顾少量研究生教育、科学研究和社会服务。仅就这两大类高校而言，全国统一的高等教育评估体系的弊端已是显而易见的了。

因为学校的类型不同，因此，为了保证评估的科学性，就不能用统一的评估指标，应根据高校的实际情况展开评估。评估必须要对不同高校之间的定位、分工的不同予以承认，并肯定每一个高校在突出自身办学特色方面所做出的努力，因而给每一个高校都吃下定心丸，使其继续在自己的特色办学道路上稳步前行。更为重要的是，这还能使中国高等教育资源的配置得以优化，不同的社会需求也能得以满足。鉴于高校类型的不同，教育部在指定评估指标体系时，应该具有针对性，应该根据每一个高校的实际情况制定合理的评估标准体系，从而使每一个高校的评估都是科学的、合理的，也能促进高校的有序发展。

5. 提升高等教育评估队伍的专业性

一般人认为高等教育评估仅仅就是对高校开展的教育基本情况予以评价，实则不然，它是一种十分强调专业性的技术活动，需要由专业的人员参与。可以说，决定高等教育评估效果的一个重要的因素就是评估人员。不过，笔者必须要承认的是，当前中国所培养的高等教育评估人员的数量不多，同时质量也不高，因而直到现在，我们的高等教育评估队伍建设还有很长的一段路要走。笔者认为，具体来说，该队伍的建设可以从以下几个方面着手。

（1）吸收多样人才

因为高等教育评估是一项非常复杂的工作，因此，评估专业必须要具有较高的素质，同时，最好其来源应该具有多元化特征，这里的多元化特征可以从以下两个方面体现出来：第一，评估专家应该来自不同的领域，可以是来自教育系统的教育专家，也可以是来自非教育系统的学者等；第二，评估专业不应该仅仅局限在国内，也应该吸引一些国外的专家参与进来，这样中国高等教育评估就能借鉴西方国家优秀的评估经验。无论是来自哪一领域的专家，也不论是来自国内还是国外的专家，他们都必须要有着丰富的教育教学管理经验，同时对教育评估有着自身的理解。

（2）重视培养工作

对现有人员进行定期培训，以便及时了解教育法规政策、国内外最新的评估理论和方法、技术，改善评估机构人员的专业结构和学历结构，增强评估机构的权威性。

（3）加强国际交流

中国高等教育评估不仅需要中国国内评估人员的努力，也需要积极借鉴国外高等教育评估的经验，聘请国外优秀的评估专家参与中国高等教育评估，这样，中国高等教育评估在保持自身特色的同时还与国际实现了接轨。

（4）完善队伍管理

中国高等教育是不断发展的，这就要求中国高等教育专家也需要不断地充实与丰富，最好可以将中国优秀的评估专家整合起来，建立评估专家库。针对不同类型的高校的评估，可以从评估专家库中找到与之对应的专家。同时，为了能确保高等教育评估工作的顺利开展，国家还应该在两个方面设置配套措施，一个是政策，另一个则是经费。

6. 创建高等教育评估信息管理系统

评估的过程是对各种数据资料进行收集、分析与利用的过程。在收集数据资料方面，笔者认为，专家应该将自己的主观意识排除掉，应该从保持资料收集的客观性，只有这样，才能确保评估是科学的、正确的、公正的，更是能让评估可以长久地持续下去。

数据信息在很大程度上可以对评估的质量产生很大的影响，因此，国家应该认识到这一问题，积极建立高等教育评估信息管理系统。教育部需要着手行动起来，建立高等教育质量保障信息网络中心，并对不同类型的高校提出不同的要求，要求其在固定的时间要将高校教育发展情况上报给中心，以保证中心可以随时掌握高等教育发展的最新情况。一般来说，这一信息管理系统主要是由两部分组成的，一部分为高校办学状态数据库，它可以将高校办学过程中的一些基本情况反映出来；另一部分为数据处理子系统、高校教育评估信息管理数据库，这一部分所涵盖的内容十分丰富，不仅涵盖评估方案、评估机构，而且还涵盖评估专家队伍、评估报告等。高校必须要明确的一点是，必须要运用最少的指标对学校基本工作状态予以反映，同时，还要保证系统可以将其导向作用发挥出来。

评估信息管理系统可以为许多方面提供信息服务，可以为教育管理部门提供信息服务，可以向高校提供信息服务，甚至可以向社会中介机构提供信息服务。数据库中的数据信息十分丰富，评估专家在进行评估时可以从数据库中提取各类数据，即使是高校进行自我评估，其也可以从数据库中提取相关信息。评估信息管理系统给高等教育评估带来了积极的作用：第一，能在很大程度上减少信息收集的工作量，能进一步减少对学校工作的影响，同时还能保证信息收集的真实性与客观性；第二，评估专家能获得多样的数据信息，并根据这些数据信息对高校予以准确明确，能进一步提升评估的效度；第三，教育行政部门能在系统平台上发布高校评估的结果，从而让高校可以掌握自身教育发展的情况；第四，评估专家根据其他评估专家在系统平台中展示的学校评估结果，可以给自己的评估予以借鉴，从而使自己的评估更具科学性；第五，能为评估中介机构提供许多数据信息，从而使评估中介机构的评估具有较高的权威性。

高等教育评估信息管理系统的构建十分重要，政府建立这一系统，能对信息进行宏观调控，能让所有高校展开良性竞争，激发每个学校发展的潜力。

（二）充分发挥省级政府的评估职能

随着我国高等教育布局结构调整的基本完成，中央主管部门管理的大部分高等学校逐步转由省级政府管理，或实行中央部门与地方联合办学，即我国已实行了"中央与省两级管理，以省为主"的高等教育宏观管理体制。与之相适应，在政府对高等教育质量的评估中，重心也同样应放在省一级。但在实际的权力运行方面，中央与省级政府应分别承担哪些管理权限和质量责任并没有从法律或制度上予以明确的界定。因此，各级政府之间的职能和权力划分往往是通过实际工作中的收权与放权来解决的。

由于我国自古是一个高度集权的国家，中央集权的传统势力远远大于地方分权的力量。因此，中央与省一级的关系是不平等的，责任的划分也是不明确的，致使省级政府在很多方面呈现权力、责任、义务不对等的关系，中央与省级政府层级之间的权力交叉与矛盾比较明显。

只有对中央和省一级政府管理的权限和责任进行相应的调整和合理的分工，并规范和约束其各自的管理行为，形成以法律为基础的中央和地方的权力关系模式，才能真正实现国家和省对高等教育教学质量的有效控制。在我国的现实背景下，中央应该保持适当的集权，把握国家高等教育的大政方针，并集中精力管理为数不多的代表国家标准和特殊性质的学校，这样可以防止地方过分滥用权力，导致中央调控能力的软弱和国家政权的软化。

但与此同时，对于我国这样一个幅员广阔、人口众多、地区发展很不平衡的国家，实行以省为主的政府评估机制有利于增强高等教育质量评估对区域的适切性和针对性，从而有效避免"一刀切"的高度集权型质量评估体系容易出现的各种弊端。可以说，在我国新型高等教育质量监控体系构建过程中，区域高等教育质量监控体系是整个质量监控体系的核心和关键。

1. 高等教育质量省级评估必须置于国家的宏观指导和监督之下

任何一个国家，其地方利益均应从属于国家利益，高等学校作为人才培养机构和学术研究机构，地方对人才的要求必须服从于国家对人才的整体要求，包括在人才培养过程中强调政治意识、统治地位意识形态的控制等。教育部作为高等教育管理的宏观层面，其实施教育质量评估的职责和权力应该主要是制订高等教育质量的规范和标准，建立教育质量认证制度，健全各个层次和各种类型高等学校的教育质量评估标准，同时对省级教育行政部门的管理行为进行监督。省级教育行政部门则在接受国家的监督与管理的基础上对区域内高等教育实施具体的调控。

2. 要合理划分与落实省级政府的权力与责任

各省、自治区、直辖市是区域高等教育体系的宏观调控与指挥中心，省级教育行政管理部门作为介于国家和高校（包括省属高校和部委高校）之间的政府机构，主导者本地区高等学校的教育质量评估，不仅负责制订高等教育国家基准的实施细则，而且要负责国家高等教育保障线（国家高等教育质量控制最低基准）的落实，负责大量的高等教育质量认证和质量审计活动的实施，对省城范围内高等学校的教育质量评估负有直接的责任。其职责范围应包括：

（1）对省辖范围内部委高校和地方高校教育质量的评估。目前，我国地方政府与中央部委对大部分部委院校建立了"共建""共管"的关系，部委院校在行政体制上由中央部委管理，学校办学中的日常管理实际上均由地方统筹。

（2）对区域内各类高等教育质量的评估。目前，高等教育逐步形成了多层次、多形式、多样化办学的格局，省级政府必须对各类高等教育统筹规范，实施评估。

二、从社会角度出发，丰富高等教育评估主体

随着社会主义市场经济体制的逐步建立和完善，高等教育渐渐走入社会的中心，对社会产生重大影响的同时，社会力量也在不断发展壮大，并日益介入高等教育事务中来。实际上，在当前的改革中，社会越来越多地承担了高等教育的责任，如学费改革、民办高校的出现、企业和高校联系的加强、社会各种基金和捐赠等，也相应地拥有了参与高等教育质量管理的权利，社会力量在高等教育质量中的监督作用越来越突出。

（一）在高等教育评估中引进社会评估主体

在我国高等教育质量保证模式中，政府的强势地位，不仅使高校处于屈从的地位，也使得社会力量参与高等教育质量保证存在体制性障碍。随着我国社会主义市场经济体制的逐步完善和高等教育体制改革的不断深化，高等教育利益主体的多元化客观上要求有一种新的利益表达及实现机制。其中，社会多元主体对高等教育的要求和控制必须在这种新的机制中得到体现。

1. 行业协会

行业协会对高校的评估可以通过制定自己的用人标准，实行职业资格认证制度，将对高校的专业评估与本行业的职业资格证书制度结合起来。按照国际惯例，专业认证制度通常是国家职业资格证书制度的基本内容、必要基础和重要支撑，是从业证书申请发放和登记注册过程中一个不可缺少的前提条件。

许多未经专业协会认证的高校，其毕业生在职业资格证书的获取、注册师资格的获得上都会遇到很多限制，有的国家甚至完全禁止。因为专业认证的关键是评估"专业的教学是否适合学生毕业后进入该领域从事专业工作的要求和期望，是否符合该专业资格证书或执照申请的条件"[1]，是为进入各专业领域工作的预备教育提供质量保证。

---

① 夏天阳. 各国高等教育评估 ［M］. 上海：上海科学技术文献出版社，1997：74.

　　我国的行业协会也可借鉴这一做法，将专业认证与职业资格证书制度相结合，通不过行业协会专业认证的高校，其毕业生的从业资格将会受到限制。这样一来，不但能够有效促使高校与行业之间保持比较密切的联系，使高校不断完善自己的专业培养计划，提高教学质量，而且可以使高校由"要我评"转向"我要评"，增强高校评估的主动性。

　　2. 用人单位

　　高等教育质量的高低，要接受社会的检验及认可，应以社会的评估为主要依据，其中用人单位无疑是最具发言权的。不同领域、不同行业的用人部门可以选派自己单位的专家组成评估小组，对高校相应专业的教学、实践及实验设备等进行评估。不断把自己的用人意见反馈给高校，以使高校在培养社会发展所需人才方面能够有针对性地及时进行调整。

　　3. 新闻媒体

　　新闻媒体是世界各国最常见的一种高等教育质量的社会监督系统。新闻媒体可以利用其自身传播的广泛性，直接以问卷调查的方式对高校进行评估。这种评估具有两大优势：参与主体涉及面广，反映问题全面；评估参与者不直接面对政府或高校，能够较为真实地反映评估参与者的心声。

　　例如，在美国，最富权威性的是《美国新闻与世界报道》发起的一年一度的全美最佳大学排名活动，它依据学术声誉、新生录取、师资实力、学生保留率、财力资源、校友满意度、毕业率状况等评估指标对高校进行综合评估排序。德国的《明镜》自1989年起也组织对大学的排序评估，采用的方法是向学生开展问卷调查，调查表共计18个问题，涉及教师的教学水平、课程、实验室和图书馆的装备情况等。英国的《泰晤士报》和《泰晤士高等教育副刊》也开始注意各方面对高等学校的评估，并将之汇总排序公布于众。

　　目前，在我国，大学排名也开始成为社会介入高等教育质量评估的重要形式。如广东管理科学研究院通过建立指标体系、专家调查，赋值计算等，根据研究与发展成果对中国大学多次进行排序；网大网站也开始每年向社会推出中国大学排行榜。但是，大学排行的科学性，公正性和公平性还有待于在今后的改革中不断研究和提高，以赢得更大的社会信度和效度。但可以预期的是，随着评估指标体系和方法的逐步改进，大学排名将有助于社会对高校办学进行动态的监督，为社会公众提供高等教育质量信息，从而为高等教育用户"用脚投票"、做出决策提供参考，促进高校之间公平竞争，提高服务质量。

(二) 大力发展高等教育评估中介机构

高等教育质量评估体系并不是由一方建立起来的，它许多各方的共同努力，需要政府参与进来，需要高校与社会也要参与进来，三方共同参与才能促成科学的评估体系的形成。不过，笔者必须要指出的是，尽管三方都在努力形成科学的评估体系，但是三方的价值取向与利益需求却存在着显著的差异。从这一点上来看，必须要建立一个中介机构来平衡三方利益就是十分重要的事情。中国高等教育评估有其自身的特殊性，同时中国高等教育评估体系也有其独特的特定，因此，在设置中介机构时，不能一蹴而就，而是应该循序渐进，先从半官方性质的独立的专门评估机构开始，当其运转正常之后就可以建立具有非官方性质的社会中介评估机构。

在评估体系建立的初期，要依靠政府的支持，同时还要依靠不同类型的专家的努力。首先，政府在市场经济中发挥着十分重要的宏观调控的作用，它不仅能对市场要素予以完善，而且还能为高校提供更好的教育环境。因此，专门的评估机构要想获得更好的发展就必须要依靠强大的政府，政府可以给予评估机构一定的资金支持，也能委托他们对某些高校进行评估。其次，教育评估十分强调专业性与技术性，因此，评估机构在建设评估队伍时一定要遵循"小机构，大网络"的原则，也就是说必须要依靠各领域的专家。

教育机构具有明显的中介性特征，它不仅可以从机构设置与资源来源两个方面上体现出来，而且还可以从其价值取向与行为方式上体现出来。中介机构不可能独立存在，它是必须要依靠政府运转的，但即便如此，它依然可以向高校、社会提供评估服务，因此，从这个方面上来说，这样的评估机构还可以被称之为"中介机构"。毕竟，现阶段那些专门的评估机构存在着明显的独立性不足的问题，解决这一问题，只能依靠对权威性的弥补来实现。因此，中介机构一方面要争取政府的支持，另一方面则要努力地从自身的角度出发，不断提高自身的专业性，拓展教育市场的发展空间。

评估机构不仅要对当前机构中的相关人员展开培训，而且还要从外部引起人才，从而最大限度上提升机构人员的专业素质；要对各类评估专家的信息予以搜集，从而建立科学的、全面的评估专家库，制定评估专家资格认证制度，从整体上提高评估专家的专业水平；在关注评估实践的基础上，还要加强评估研究，不仅加强评估理论的研究，而且还要加强评估方法的研究，在研究成果的支持下不断建立具有前瞻性与导向性的评价体系，形成评估机构的专业优势。

社会中介机构所发挥的是一种桥梁作用，能很好地将高校与政府连接起来，使其能发挥更大的效用。教育评估专业机构首先应该从本身的优势出发，在保证评估权威性的基础上，为政府提供多样的支持，不仅为其提供专业性服务支持，而且还为其提供技术性支持。其次，教育评估专业机构也要随着高等教育的发展而不断变革，一方面要不断拓展服务的范围，另一反面则要不断拓展自身的发展空间。

三、从高校角度出发，夯实高等教育评估基础

高校在高等教育评估中所发挥的作用是基础的，它与政府的宏观质量调控、社会的质量监督有着显著的差异。高校关注教育质量有其自身的目的，目的是维护高校内在的学术性与主体性。当前，中国高等教育已经发展至大众化高等教育阶段，学术性保护目标不可能仅仅由高校来完成，国家与社会在其中也发挥着重要作用，而且，如果从高等教育质量的长远性来说，高等教育质量应该将学术性质量与社会性质量结合起来。高校要实现高等教育质量评估的有效性，笔者认为，可以从以下几点。

（一）加强校本评估体系的建设

政府、社会与市场都只是促进高等教育评估的外部力量，只有这些外部力量能真正被转化为高等教育内部力量，高等教育评估与质量提升的目标才能实现。高校不能缺席高等教育评估，甚至其应该在这其中发挥重要作用。因此，我们不能仅仅着眼于外部评估体系的建立，而且还应该着眼于内部评估体系的建立。相比于前者，后者更加重要，因为它与高校教育质量直接挂钩，因此也有一些评估专家将其称之为校本评估。

对西方发达国家的高等教育评估现状予以分析，笔者认为中国高校应该明确自身在高等教育质量提高上所发挥的重要作用，在进行评估时，多灵活组织一些具有针对性的评估活动。

校本评估的内涵十分丰富，笔者认为可以从以下三个不同的方面进行揭示：第一，校本评估是一种技术方法，因此它对评估工具非常重视，在具体评估中一般采用问卷与评估模型两种工具；第二，校本评估必须要与高校管理变革的政策相适应，更要为后者提供一些准确的数据；第三，校本评估是

校本管理不容忽视的一个环节，它甚至能对校本管理的效果有一定的影响。

校本评估与自我评估是不一样的，这种差异性主要可以通过以下几点体现出来：第一，高校进行自我评估时总是过于担心评估结果，也正是以为如此，高校一般会下意识地回避某些问题，甚至将高等教育评估看作是一项基本的任务，并没有给予多大的重视，即使评估结果出来之后，其也不会进行深度反思；第二，校本评估是高校自行进行的，旨在提高高等教育质量，高校在其中有着很大的自主权，其可以自行决定评估的内容，也可以自行决定评估的形式，甚至其可以不将评估的结果公之于众。

校本评估讲求评估的完善、动态与连续，因此，它有着很强的目的性，同时评估的内容也讲求十分的全面。更重要的是，因为是学校自行开展的评估活动，因此，其可以放下自己的评估压力，对本校教育质量进行深入分析，这样就能找到每一个教学环节中容易出现的问题，同时也能在解决问题的过程中不断完善高等教育。

中国高等教育内部评估发展的速度十分快，不少高校都纷纷建立专门的评估机构，以保证校本评估活动的顺利开展。不过，如果从整体上来看，就会发现当前中国内部质量评估尽管取得了一些成就，但总体上的发展并不太好，尤其是大多数高校基于质量提高而开展评估活动的意识并不强。政府职能在悄然发生着变化，就是在这种背景之下，高校获得了更大的办学自主权，这就给高校进行校本评估提供了很大的支持。高校获得了很大的自主权，这就意味着其会更加关心学校教育的发展问题，不仅会关心学校的教学问题，而且还会关心教育的效益问题，从而根据问题有针对性地开展教育管理工作。

改善高校内部管理，笔者认为，校本评估是一个非常不错的手段。基于此，高校应该对这一手段予以重视，应该全面把握高等教育发展的现状，并对高等教育发展的潜力予以挖掘，最好能制定合理的评估规划，为高校特色发展提供支撑。总而言之，必须要将校本评估看作是高等教育评估的重要组成部分。

（二）促进高等教育行业自律机制的建成

高校内部教育质量评估体系是一个多层次的动态系统，高校要完成自我检查，这一评估体系可以说是一个非常基础的手段。众所周知，每个高校的定位、优势是不同的，这导致每个高校的教育质量评估长期以来都没有非常科学的规范，几乎都处于一种每个学校独立进行的状态。在实际的评估工作中，政府与社会将自己的作用发挥到了极致，但是作为应该在高等教育评估中发挥重要作用的高校，却看起来有一些"落寞"。

中国应建立高等教育行业自律机制，这一机制的建立能进一步促进高校自主办学质量的提高，能促进高等教育评估效率的提高。政府应鼓励高校建立行业性高等教育评估机构，让高校可以参与到各种评估机政策的制定上来，参与行业标准的建立上来，同时还要促进高校集体责任意识的形成。

建立高等教育行业自律机制要发挥高校行政力量和学术力量两方面的作用：

第一，建立高校行政力量的协调联动机制，即以特定层次、类型或地区为组成特征，在高等学校或其下某职能部门之间建立常设性的互助、协作组织，定期召开校（院）长、部（处）长联席会议，通过经验交流、资源共享，发挥他们在统筹高等教育标准、规范办学政策与办学行为、开展高等教育质量评估与质量监控等方面的作用。

第二，建立学术力量的质量认证机制，即依靠高校间相同、相关院系的合作性组织或各种学术团体、专业协会、学会等学术性组织参与高校各学科、专业的教育质量评估和资质认证，充分发挥学术界的专业优势，通过周期性或随机性教育评估，使由专家学者组成的各种学术团体在高等教育质量评估中发挥其应有的作用。

第三节　科学组织实施高等教育评估

一、组织实施高等教育评估的机构

我国高等教育评估，是由国家行政机构来领导、组织和监督的。"在国务院和省（直辖市、自治区）人民政府领导下，国家教育委员会、国务院有关部门教育行政部门和省（自治区、直辖市）高校工委、教育行政部门建立普通高等学校教育评估领导小组，并确定有关具体机构负责教育评估的日常工作。"[1] 也就是说，我国的高等教育评估工作由国家普通高等学校教育评估领

---

[1]　柯佑祥. 高等教育管理［M］. 上海：华东师范大学出版社，2001：208.

导小组、部委普通高等学校教育评估领导小组和省（直辖市、自治区）普通高等学校教育评估领导小组三种组织机构负责组织领导。目前，我国在教育部高等教育司设立评估处，负责组织和领导全国高等学校的评估工作。

在各级高等学校评估领导小组的领导下，为了开展和组织实施教育评估工作，可以设立各种类型的评估委员会，如高等学校鉴定委员会，高等学校专业教育评估委员会等。各种委员会可以吸收教育界、科技界、文艺界等方面的专家和主管部门的人员参加，以领导、组织实施各种类型的教育评估工作。同时，评估领导小组下还须设立评估办公室，处理各种教育评估的日常工作。各级评估机构都有其专门的职责，以保证高等教育评估工作的有效进行。

二、组织实施高等教育评估的方式

高等教育评估是一项技术性很强的工作，能否科学地组织实施评估，将影响着评估的质量与结果的可靠性和有效性。

（一）明确高等教育评估的目的与范围

明确高等教育评估的目的与范围，是组织实施评估的前提，只有明确了目的和范围，才能以此为依据，组织评估力量，确定评估指标和方法等。在我国无论哪类评估其最终目的必须与高等教育战略目标一致，必须符合社会主义办学方向。

（二）制订切实可行的评估工作计划

组织实施高等教育评估，首先要根据评估的目的和要求制订切实可行的评估工作计划。它包括组织领导（评估机构设置、人员的确定等）、宣传动员，确定评估内容、评估的客体（被评估者）、评估方法、评估步骤和评估期，设计评估指标体系和相应表格，应提供的评估资料（包括自评汇报提纲和有关原始资料）等。根据评估计划的要求，对各项内容要做具体安排。

例如，对宣传动员工作就必须明确宣传动员的形式和方法，主要组织者和参加者，动员的主要内容、目的、要求，动员的时间、地点等等。制定评估计划的过程实际上就是评估方案准备过程，也是思想准备过程，同时还是用指标体系和权重结合反映统一的价值观，体现评估目的的过程。

（三）实施具体的评估工作

实施评估的主要任务分三个部分完成。首先，下达各类文件，要求被评单位在一定期限内完成有关文件所规定的各类自填报表及自评报告。其次，评估委员会（专家组）审阅有关材料及自评报告，通过听、看、查、谈等形式进行实地考察调查；在此基础上，根据指标体系规定内容和要求，做出各项测定结论，分头完成评分和评议。最后，办事机构将专家评分和有关资料进行整理、归类、存档。

（四）分析、发布评估结果

这是评估工作的最后阶段，它直接关系到评估功能的发挥和评估目的的实现。评估委员会（专家组）在评估方案实施完成以后，要在规定时间内汇总有关资料，进行综合分析，完成正式评估报告。评估报告提交给上级有关部门，由评估领导机构参考被评单位的自评报告，做出正式评估结论。

评估报告可向被评单位反馈有关信息及其改进工作意见；同时向有关领导部门汇报评估结果，提供决策依据；还可以根据需要和实际情况，向社会公布和公开。如果被评单位对评估结论有不同意见，可以在结论公布之后的规定时间内（一般为一个月）向上一级教育评估领导小组提出申诉，要求进行仲裁。

三、组织实施高等教育评估的步骤

在我国，高等教育评估是分六个步骤进行的：
（1）学校提出申请；
（2）评估（鉴定）委员会审核申请；
（3）学校自评，写出自评报告；
（4）评估（鉴定）委员会派出视察小组到现场视察，写出视察报告，提出评估结论建议；
（5）评估（鉴定）委员会复核视察报告，提出正式评估结论；
（6）教育评估领导小组审核评估结论，必要时报请有关行政部门和各级政府批准、公布评估结论。

申请学校如对评估有不同意见，可在一个月内向上一级普通高等学校教育评估领导小组提出申诉。上一级教育评估领导小组应认真对待，进行仲裁，妥善处理。

参考文献

［1］ J. V. Koch. TQM：Why Is Its Impact in Higher Education So Small？［J］. *The TQM Magazine*，2003（3）.

［2］ ［德］马克思，［德］恩格斯. 马克思恩格斯全集（第 23 卷）［M］. 北京：人民出版社，1979.

［3］ ［法］查尔斯·德普雷，［法］丹尼尔·肖维尔. 知识管理的现在与未来［M］. 北京：人民邮电出版社，2004.

［4］ ［荷兰］弗兰斯·范富格特. 国际高等教育政策比较研究［M］. 王承绪，等，译. 杭州：浙江教育出版社，2001.

［5］ ［美］伯顿·克拉克. 高等教育系统——学术组织的跨国研究［M］. 王承绪，译. 杭州：杭州大学出版社，1994.

［6］ ［美］菲利普·科特勒，［美］凯伦·A. 福克斯. 教育机构的战略营销：第二版［M］. 北京：企业管理出版社，2005.

［7］ ［美］拉尔夫·基尼. 创新性思维——实现核心价值的决策模式［M］. 北京：新华出版社，2003.

［8］ ［美］马丁·特罗. 从精英向大众高等教育转变中的问题［J］. 王香丽，译. 外国高等教育资料，1999（1）.

［9］ ［美］帕特里夏·基利，［美］史蒂文·梅德林，［美］休·麦克布赖德，［美］劳拉·朗迈尔. 公共部门标杆管理：突破政府绩效的瓶颈［M］. 北京：中国人民大学出版社，2002.

［10］ ［美］约翰·S. 布鲁贝克. 高等教育哲学［M］. 王承绪，等，译. 杭州：浙江教育出版社，2002.

［11］ ［美］约翰·布伦南，［美］特拉·沙赫. 高等教育质量管理：一个关于高等院校评估和改革的国际性观点［M］. 陆爱华，等，译. 上海：华东师范大学出版社，2005.

[12] ［瑞士］皮亚杰. 教育科学与儿童心理学 ［M］. 傅统先，译. 武汉：长江少年儿童出版社，2014.

[13] ［英］路易丝·莫利. 高等教育的质量与权力 ［M］. 罗慧芳，译. 北京：北京师范大学出版社，2008.

[14] 艾光辉. 高等教育评估呼唤文化的引领——论高等教育评估文化的建构 ［J］. 新疆财经学院学报，2006（1）.

[15] 柏昌利. 大众化背景下的高等教育质量问题研究 ［M］. 西安：陕西人民出版社，2008.

[16] 毕家驹. 国际高等教育质量保证发展动向 ［J］. 中国高等教育评估，2006（4）.

[17] 蔡宗模，陈韫春. 高等教育质量：概念内涵与质量标准 ［J］. 清华大学教育研究，2012（3）.

[18] 曹德超，宁波. 优化高等教育发展的社会环境 ［J］. 高等农业教育，2001（11）.

[19] 陈彬，欧金荣. 高校扩招呼唤建立新型教育质量监控体系 ［J］. 教育发展研究，2001（7）.

[20] 陈凤芬. 优化高等教育质量环境 保证教育质量稳步提高 ［J］. 湘潭师范学院学报（社会科学版），2006，28（2）.

[21] 陈桂生. 教育原理（第二版）［M］. 上海：华东师范大学出版社，2000.

[22] 陈新. 我国高等教育质量评估存在的问题及对策研究 ［J］. 小品文选刊，2017（20）.

[23] 邓明国. 精神卫生社会工作服务指南 ［M］. 北京：中国社会出版社，2017.

[24] 董泽芳. 高等教育的生命线：高等教育质量的理论与实践问题研究 ［M］. 武汉：武汉大学出版社，2009.

[25] 董泽芳. 理念与追求：大学发展的思考与探索 ［M］. 武汉：华中师范大学出版社，2018.

[26] 杜鹃，何玉海. 高校教育评估标准　品质、属性、体系及其建设 ［M］. 上海：上海三联书店，2019.

[27] 傅剑锋，吴冰清. 高校评估该停了 ［N］. 南方周末，2008-4-24.

[28] 宫艳霞，王磊. 中国高等教育规模扩张的质量问题与对策 ［J］. 广西大学学报（哲学社会科学版），2006（3）.

［29］顾佳峰. 高等教育服务质量研究——以北京大学为例［J］. 黑龙江高教研究, 2006（6）.

［30］顾明远. 中国教育大系 21 世纪初中国教育［M］. 武汉：湖北教育出版社, 2015.

［31］关辉, 赵海燕. 构建和谐师生关系 提高高校教学质量［J］. 东北农业大学学报（社会科学版）, 2006（3）.

［32］桂伟珍. 高等教育服务质量：生成、演进与契合［J］. 中国成人教育, 2018（22）.

［33］洪彩真. 国外高等教育服务质量 SERVQUAL 模型研究及其启示［J］. 教育与考试, 2007（6）.

［34］侯怀银, 闫震普. 高等教育质量概念探究［J］. 江苏高教, 2007（5）.

［35］胡弼成, 陈泽. 高等教育质量的因素分析［J］. 山东高等教育, 2015（1）.

［36］扈中平. 教育目的论（第 2 版）［M］武汉：湖北教育出版社, 2004.

［37］华玉, 李兵, 赵国英. 地方新建本科院校发展概论［M］. 北京：光明日报出版社, 2009.

［38］黄兢. 我国高等教育评估的价值透视［J］. 求索, 2014（8）.

［39］黄启兵, 毛亚庆. 从兴盛到衰落：西方高等教育中的全面质量管理［J］. 比较教育研究, 2008（3）.

［40］黄玉娟. 高等教育全面质量管理研究［J］. 兰州教育学院学报, 2016, 32（1）.

［41］焦红光, 孙玉霞. 再议高等教育质量内涵［J］. 教育理论与实践, 2004（22）.

［42］教育部. 教育部关于全面提高高等教育质量的若干意见［N］. 中国教育报, 2012-4-21.

［43］金美伶, 万雷. 高校师生关系对教学质量的影响［J］. 当代经济, 2014（15）.

［44］柯佑祥. 高等教育管理［M］. 上海：华东师范大学出版社, 2001.

［45］柯佑祥. 高等教育管理［M］. 上海：华东师范大学出版社, 2001.

［46］李慧颖, 郭丽君. 高等教育质量观的发展及变革［J］. 文史博览（理论）, 2014（6）.

［47］李金初. 自创性人生中心教育论［M］. 北京：商务印书馆, 2019.

[48] 厉以宁. 关于教育产品的性质和对教育的经营 [J]. 教育发展研究, 1999 (10).

[49] 联合国教科文组织国际教育发展委员会. 学会生存——教育世界的今天和明天 [M]. 上海: 上海译文出版社, 1982.

[50] 林永柏. 关于高等教育质量概念的界定 [J]. 教育科学, 2007 (6).

[51] 刘慧珍, 张红伟. 论高等教育评估的价值选择 [J]. 国家教育行政学院学报, 2015 (3).

[52] 刘俊学. 高等教育服务质量论 [M]. 长沙: 湖南大学出版社, 2002.

[53] 刘徐湘. 高等教育评估论 [M]. 昆明: 云南科技出版社, 2008.

[54] 刘徐湘. 提升高等教育评估的价值发现功能 [J]. 高教发展与评估, 2012, 28 (2).

[55] 刘振天. 从水平评估到审核评估——我国高校教学评估理论认知及实践探索 [M]. 厦门: 厦门大学出版社, 2021.

[56] 刘振天. 论"过程主导"的高等教育质量观 [J]. 北京大学教育评论, 2013, 11 (3).

[57] 刘振天. 中国高等教育评估体系及评估市场完善化 [J]. 高教发展与评估, 2014, 30 (4).

[58] 鲁鹏. 制度与发展关系研究 [M]. 北京: 人民出版社, 2002.

[59] 马雷军, 刘晓巍. 教师法治教育 [M]. 北京: 中国民主法制出版社, 2017.

[60] 马万民. 高等教育服务质量管理探讨 [J]. 教育发展研究, 2006 (1).

[61] 毛荟, 何云峰, 王宁. 高等教育质量观的多维度发展与重构 [J]. 煤炭高等教育, 2016, 34 (6).

[62] 聂业, 吴培凯, 孙国刚. 大学排名与产学研合作成效定量评估研究 [J]. 科技管理研究, 2009 (8).

[63] 潘懋元. 分类、定位、特点、质量——当前中国高等教育发展中的若干问题 [J]. 福建工程学院学报, 2005 (2).

[64] 茹宗志, 刘秋云, 冯丽. 顾客导向的高等教育服务 [M]. 西安: 西北大学出版社, 2009.

[65] 施晓光. 西方高等教育全面质量管理体系及对我国的启示 [J]. 比较教育研究, 2002 (2).

[66] 石邦宏, 王孙禹, 袁本涛. 我国高等教育质量管理趋势分析 [J]. 清华

大学教育研究，2008，29（6）.

［67］石建国. 高校自主学习教育模式新思路［J］. 黄山学院学报，2018，20
（1）.

［68］史秋衡，陈蕾. 中国特色高等教育质量评估体系的范式研究［M］. 广
州：广东高等教育出版社，2011.

［69］宋明顺. 质量管理学［M］. 北京：科学出版社，2005.

［70］孙妍，陈士俊. 高等教育服务质量：内涵、特征和管理［J］. 武汉大学
学报（人文科学版），2006（1）.

［71］田应洲. 对中国高等教育质量问题的几点思考［J］. 六盘水师范高等专
科学校学报，2004（5）.

［72］涂阳军. 高等教育质量评价方法与案例［M］. 长沙：湖南大学出版
社，2016.

［73］王道俊，郭文安. 教育学［M］. 北京：人民教育出版社，2009.

［74］王国席. 人文科学概论［M］. 合肥：合肥工业大学出版社，2007.

［75］王冀生. 我的教育探索人生［M］. 天津：天津大学出版社，2019.

［76］王建华. 多视角的高等教育质量管理［M］. 广州：广东高等教育出版
社，2010.

［77］王建华. 高等教育质量管理的新趋势及我国的选择［J］. 中国高教研究，
2008（8）.

［78］王如哲. 知识管理的理论与应用——以教育领城及其变革为例［M］. 台
北：五南图书出版社股份有限公司，2002.

［79］韦洪涛. 高等教育质量评价与保证体系研究［M］. 长春：吉林人民出版
社，2006.

［80］邬大光，滕曼曼，李端淼. 大学本科毕业率与高等教育质量相关性分析
——基于中美大学本科毕业率数据的比较分析［J］. 高等教育研究，
2016（12）.

［81］吴剑平. 论科学发展观指导下的高等教育质量观［J］. 清华大学教育研
究，2011（4）.

［82］席成孝. 高等教育质量"第三方评估"机制研究［M］. 西安：西北大学
出版社，2016.

［83］夏天阳. 各国高等教育评估［M］. 上海：上海科学技术文献出版
社，1997.

［84］夏小露. 大学生自主学习能力培养［J］. 河南牧业经济学院学报，2017，30（1）.

［85］谢武纪. 高等教育质量问题与大学质量自觉——基于对扩招以来中国高等教育的考察［J］. 湖南师范大学教育科学学报，2018，17（6）.

［86］谢作栩，吴薇，李钰. 高等教育大众化的国际比较与本土观照［J］. 苏州大学学报（教育科学版），2020（1）.

［87］杨德广. 高等教育的大众化、多样化和质量保证［J］. 上海教育，2001（19）.

［88］杨德广. 高等教育管理学［M］. 上海：上海教育出版社，2006.

［89］姚学峰. 教育质量的内涵及其对办学效益的影响［J］. 学海，2001（6）.

［90］姚艳. 关注高校教师质量 提高高等教育的质量［J］. 课程教育研究，2013（7）.

［91］姚依. "互联网+"新时代下微课在传统钢琴教学中的应用［J］. 陕西教育（高教），2020（6）.

［92］余风盛，董泽芳. 高等教育60年回顾与展望［M］. 武汉：华中师范大学出版社，2010.

［93］余天佐，谢安邦. 本科教学工作水平评估研究述评［J］. 大学（研究与评价），2008（9）.

［94］余小波. 高等教育质量概念：内涵与外延［J］. 高教发展与评估，2005（11）.

［95］袁贵仁. 价值观的理论与实践［M］. 北京：北京师范大学出版社，2006.

［96］张德才，陈虹岩. 比较与借鉴-中外高等教育评估体系研究［M］. 哈尔滨：哈尔滨工程大学出版社，2008.

［97］张继平，董泽芳. 从冲突走向和谐：高等教育评估价值取向的社会学分析［J］. 高等教育研究，2013，34（12）.

［98］张继平，董泽芳. 解构与重塑 高等教育评估的价值取向研究［M］. 武汉：华中师范大学出版社，2017.

［99］张继平，余丹丹. 试论高等教育评估的价值合理性［J］. 现代教育科学，2010（7）.

［100］张继平. 我国高等教育评估价值取向的转向发展［J］. 教育研究与实验，2012（5）.

［101］张丽. 现代大学管理制度比较及变革研究 ［M］. 天津：天津教育出版社，2014.

［102］张彦通. 高等教育评估与质量保证研究 ［M］. 北京：北京航空航天大学出版社，2011.

［103］赵继，谢寅波. 中国高等教育高质量发展的若干问题 ［J］. 中国高教研究，2019 （11）.

［104］赵蒙成，周川. 高等教育质量：概念与现实 ［J］. 江苏高教，2000 （2）.

［105］中国教育与人力资源课题组. 从人口大国迈向人力资源强国 ［M］. 北京：高等教育出版社，2003.

［106］中央教育科学研究所高等教育研究中心. 72 所教育部直属高校绩效评价结果与排名 ［N］. 中国教育报，2009-12-11.

［107］周川. 高等教育大众化和普及化的中国路径及其质量问题 ［J］. 现代大学教育，2021，37 （4）.

［108］周廷勇. 高等教育质量观——生成与变迁 ［M］. 北京：北京出版社，2008.